이 정숙

그 잠 곁을 돌아 나왔다

애지시선 130

그 잠 곁을 돌아 나왔다

2025년 10월 30일 초판 1쇄 발행

지은이 이정숙
펴낸이 윤영진
기획편집 함순례
홍보 한천규
펴낸곳 도서출판 애지
등록 제 2005-000005호
주소 34570 대전광역시 동구 대전천북로 12
전화 042 637 9942
팩스 042 635 9941
전자우편 ejiweb@daum.net
ⓒ이정숙 2025
ISBN 979-11-91719-37-6 03810

* 저자와의 협의에 의해 인지를 생략합니다.
* 이 책 내용의 전부 또는 일부를 재사용하려면 저자와 애지 양측의 동의를 받아야 합니다.

예지시선130

그 잠 곁을 돌아 나왔다

이정숙 시집

시인의 말

"안녕?"
조심스럽게 다가가
이름을 물었다
가지에 앉은 새들에게
그 새들의 무게로 흔들리는 나무에게
그늘에서라도 제 한숨을 피워내는 꽃들에게…
그러면서 그 목숨들의 작은 읊조림을 따라불렀다

강 건너에 있는 이들
간절한 호명呼名을 아무리 힘껏 던져도
끝내 닿을 수 없는 거리
그러나 눈길마저 차마 거둘 수 없어
눈물 그렁그렁한 노래들을 들꽃다발처럼 들고
나는 이쪽 강둑에 그저 서 있을 수밖에

2025년 가을
이정숙

차례

시인의 말　005

1부　왓츄어네임

꽃샘추위　013
적화　014
정숙이 & 정수기　016
매생이국　018
입양　020
왓츄어네임　022
화병　024
오랑캐꽃　026
압화　028
나의 독버섯이란 별명　030
샌드위치맨　032
쑥　033
규화목　034
노이즈 캔슬링　036
도라지와 여뀌　038
꽃잎차　039

2부 삭제된 메시지입니다

눈먼 생각 043
복화술 – 인형의 노래 044
낙화생 046
그 어느 날엔가는 – 弔花戀歌 048
숨은 그림 놓아주기 050
나비 화석花席 051
공갈빵 052
흰죽 054
삭제된 메시지입니다 056
신과 함께 057
싱잉볼 058
주금화 060
나를 묻는다 062
홍역 064
버들강아지 오요요 066
몸살 067

3부 바람의 집

가을강 071
따뜻한 알 072
그 잠 곁을 돌아 나왔다 074
어떤 자세 076
먹감 078
비늘 080
한마음계량소 082
무단 방류 084
노각 086
냉잇국을 끓이는 저녁 088
수염 틸란드시아 090
부추에 대한 소고 092
참깨를 볶으며 093
양간지풍 094
분가 096
타임아웃 098

4부 탈피

가묘 101
빚잔치 102
삽목 104
공중전화기 106
냉과리의 노래 107
함구 108
탈피 110
관계망상 112
닭똥집에 대한 고찰 114
절규 116
극한 118
손저울 120
습관적으로 121
죽음이 자란다 122
어떤 새의 경우 124
대처 126

해설 정화 혹은 자기구원을 꿈꾸는 연민의 시학 복효근 127

〈일러두기〉

*본문에서)는 '단락 공백 표시'로 한 연이 새로 시작된다는 표시이다.

1부
왓츄어네임

꽃샘추위

이제 와 날더러 어쩌라고
매화꽃 향기로 봉한
손편지에
내 속을 여며 넣었는데
"수취 거부"
낯 뜨거운 염문만 뿌려놓고는
등을 보인 당신
느닷없이 돌아서서 흔드는 찬 손에
나는 그만 얼병이 들고 말았네

적화

꽃을 솎는다
늙은 복숭아나무를 휘어잡고 놀란 꽃들을 집어뜯다보면
손끝에 묻어있는 찐득한 소리들이 손톱 밑으로 파고든다

꽃과 꽃 사이 햇빛과 그늘 사이
나는 무슨 자격으로 꽃을 따내고 있을까
당신과의 적당한 거리를 가늠해보니 버릴 게 많아
울음이 자라던 진자리 봄볕으로 덧대며
아랫배를 쓸어내리던 시간이 있었다

복숭아 한 알을 떠올리기 전에
눈 맞추지 말고 혼잣말도 말 것
뚝뚝 생피 흐르는 낙화
붉으스레 얼비친 눈물 훔치고
비명이 매달렸던 가지가 휘청거린다

〉
꽃을 주워 먹고 몰래 붉어진 바닥은 알고 있었을까
내 몸 속 뜨겁던 꽃도 이렇게 끌려나갔다는 것을

그 꽃을 지우고 빈 몸으로 돌아오던 길에
흘린 피처럼 쏟아지던 노을
나의 봄엔 느닷없이 겨울이 들이닥쳤다

꽃을 따서 꽃을 먹이는 쓰라린 농사법
부스스한 복숭아나무가
무릎 아래 쓰린 상처들을 밟고 어쩔 줄 모를 때
바람이 엎드려 진물을 핥아주고 있다

정숙이 & 정수기

내 이름은 정숙이
맹물 같은 하루를 겨우 빠져 나온다
거른다는 말에는 걸리는 게 많아
오늘도 몇 마디가 걸려 온몸에 성이 났다
나는 자주 가슴이 뻐근해 우는 시늉을 했는데

나를 통과한 말랑한 말들은 아무 의심도 없을까
마음을 걸러낼수록 불투명해지는 나는
형체가 없는 날이 많았으므로

보이는 대로 믿어도 될까
뒤틀린 채 남아있는 것이 본심일 수도 있고
어디에도 걸리지 않는 것이 사심일 수도 있다

시어머니는 나를 통해서 세상을 맛보았는데
팔 할의 거짓말과 한 꼬집의 참말로 구미를 맞췄다
달보드레한 색색의 음료를 뽑아내면서

그때, 나는 통쾌했을까
새빨갛게 웃는 얼굴이 예쁘다 했는데
필터처럼 수시로 마음을 갈아끼우는 일이
그녀를 더 흐려놓았다는 걸 그때 나는 몰랐어

한 입에 넣고 우물거렸던
사랑도 했고 미워도 했던 마음이 헝클어져
고장 난 정수기처럼
가끔 주체할 수 없는 쓴물이 쏟아지곤 했다

매생이국

데면데면한 얼굴로 매생이국을 마주한다
푹푹 끓던 가슴에 연기가 졸아들고
청색과 녹색이 동색으로 겹치면
불온한 감정을 숨기기 그만이다

델만큼 덴 사이는 무디어진 어떤 면이 있겠지만
닮아가는 식성과 표정은 무늬도 그럴듯하지만
한 대접 뒤집어 볼 수 없는 밑바닥을
화로처럼 다독다독 감추고 산다

웃지도 울지도 않는 당신의 거죽은 만만하고
울화로 뒤집히는 웅덩이를 품고 사는
나는 위험하고

가슴 속에 손을 넣어 휘저어볼까
뱉지 못한 뜨거운 말들이 소리칠지도 몰라
간신히 악문 소리가 입천장까지 치솟았지만

진저리치는 동안
한 김 나간 눈물에 나도 속는다

서로에게 닿는 적당한 말을 찾느라
나를 엎질러버리고
뜨거워서 시원한 매생이국 한 대접
비로소 먹는다

입양

1
그녀는 이름을 잊지 않겠다는 듯
'안시리움'이라 적어 화분에 꽂았지만
잊혀지는 각도는 반 바퀴면 충분해요
일회용품을 좋아하는 그 여자는
버릴수록 깔끔한 줄 아나봐요
유통기한은 누가 정하나요
편애를 즐기는 주인집 여자의 눈 밖에 서서
실낱의 발가락을 화분 속에 감아넣고
빙빙 아니 빌빌거리죠

버려진 채 사흘밤을 쓰레기장에서 잤어요
바늘만 꽂힌 선인장과
'축하'라는 띠를 두른 말라빠진 화분 옆에서요
몸 바쳐 축하를 끝냈으니 여한이 없을까요

쓸모는 있는 것과 없는 것 사이에서 시들어갑니다

2
시장 모퉁이 은혜수선집 아줌마는
그런 것들에 유독 손이 간대요
올이 나간 이파리와 솔기 터진 대궁과
아직 쓸만한 뿌리를 살려
애칭도 지어주었어요
사실 아줌마는 안스러움이든 안시리움이든
이름은 의미가 없이 새엄마가 되었죠

반그늘 쪽으로 머리 두르기를 좋아하는 천성은
얹혀살기 그만인데요
새엄마는 구멍 난 감정들을 날마다 기워주었어요

붉으레 차오르는 새살
사람들은 불염포를 꽃이라 여겼고

지구의 한편 언덕이 푸르스름 꿈틀거리고 있었죠

왓츄어네임

이역 땅 스리랑카 친구들
이름은 구름 너머 두고 왔지만

아침 산책길에 만난 소녀가
'하이'
해맑게 먼저 말을 걸었을 때
영어가 쉽사리 혀에서 풀리지 않아
주저주저 나는 조화처럼 씨익 웃었다

강아지가 나를 향해 갸우뚱 한다
쪼그리고 앉아 그때서야 중얼거리듯 '왓츄어네임'
강아지는 눈 깜빡이며 꼬리를 흔들었다

풀섶에 별처럼 내려앉은 꽃에게도
'왓츄어네임'
그림에서나 본 천상의 열매에게도
새를 붙잡아 앉힌 줄 알았던 꽃나무에게도

이름을 묻자
그것들의 발가락이 꼼지락거리는 걸 보았다

나륵꽃이 배시시 웃자 덧니로 깨문 향기가 퍼졌다
건들거리며 다가온 바람도 내게
날아오른 참새가 흰구름을 만나도
'왓츄어네임'

오래 등 뒤에 세워둔 당신 이름에게 손 내밀었다
죽은 동생의 이름도 고개를 묻고 불러보았다

사랑이라 쓴 가명과 용서라는 본명이 통성명 한다

돌아오는 길에 내게 물었다
'왓츄어네임'
나를 에워싼 나의 이름들이 *끄덕끄덕* 따라오고 있었다

화병

발목 잘린 아이들을 품었다
묽은 젖 먹고 산 것들은 잇몸부터 물렸고
아직 미열이 남은 이마 짚어보는 입맞춤이 썼다

왜 버려진 한 쪽 날개를 들고 와 내 가슴팍에 밀어 넣었나
흐느낌 같은 향기는 발등까지 닿지도 못하지만
나에게 머물러 사나흘 장례를 치르는 중이라면
온몸의 핏발을 세워 화사하게 꾸며주고 싶다

한 번도 산 자 위해 산 적이 없으므로
꽃상여처럼
세상 밖으로 길을 내며 속으로 흔들렸을 뿐

뭉그러진 발이 화끈거려 이미 깊어진 속병
진물 흐르는 안쪽이 아려서 죽은 꽃말을 삼켰는데
서쪽 창문의 눈시울이 붉어진다

〉
가위가 제 심장에 닿았을 때 놀라던 눈빛
물을 머금고도 말라가던
파리한 입술

그렇게 고개 떨군 아이를 붙안고 어쩔 줄 모르는 피에
타상像

누구의 무엇을 기념하려는 건지
모가지가 잘린 꽃송이들
나는 그들의 주검을 끌어안고 기꺼이 무덤이 된다
아직 닫지 못한 귀 어루만지면서

오랑캐꽃

변두리 염색공장 담벼락 아래
외국인 노동자 몇이 쪼그리고 앉아 커피를 마신다
바닥을 보인 커피잔처럼 표정들이 미지근하다
체불된 과거에 묶여
돌아갈 길을 제 손으로 끊어낸 건 아닐까
어떤 위로보다 살가운 봄볕에 발을 드밀자
제비꽃망울이 발등으로 올라앉는다

북쪽의 북쪽, 어느 마을에서
춘궁을 피해 내려왔다는 오랑캐처럼
그도 잠시 눌러앉았을 것인데
오랑캐꽃이란 닉네임으론 국적을 짐작하지 못하지만
뽑히지 않으려고 바닥을 움켜쥔 이방인
손톱 밑이 자줏빛으로 어려 있다

보도블럭 틈으로 줄지어 걸어가는 앉은뱅이꽃 무리와
흙 묻은 엉덩이를 툭툭 털며

다시 공장으로 들어가는 노동자들

한 꺼풀 벗겨지는 봄의 주소를 들고
골목을 기웃거리는 바람의 낮은 걸음
빨강과 파랑 겨울과 봄의 콜라보에
염색공장 담 너머
보라색 안감이 나풀거리고 있다

압화

꽃뱀 한 마리 납작하게 펼쳐져 있다
한 번도 떠난 적 없던 땅바닥
요절한 한 송이 꽃문양을 화석花席처럼 받아 안았다

숨이 붙었을 때는 그랬거니와
죽어서라도 증상맞지 않기를 바랐는데
꽃이란 접두사
이름이 화사했으니
이제 그 이름으로 돌아가는 길인지 모른다

징글징글했던 소문도
까닭 모르고 감당해야 했던 치욕도
몸말을 벗어던지고 잊혀지고 싶겠지

늘 달아나던 처지를 벗어나
노을 향하여 꽃잎이 자우는 것처럼
한 송이 주검을 제 죽음에게 바치고 마침내

똬리도 풀어

얇아질 대로 얇아져서 서로 알아볼 수 없는 날이 오면
그때는 구겨졌던 몸 보란 듯 길 위에 풀어놓고
햇빛 바로 보며
눈부셔보고 싶었을까

꽃이란 이름을 달고도 허물이 되던 땅에서
질곡의 몸에 갇혀 있던 울음 같기도 하고
스르륵 빠져나간 서늘함 같기도 한데
아무 일도 없었다는 듯
그 위로 지나가는 자동차
고추잠자리가 쭈뼛거리며 내려와
그 꽃을 들여다본다

나의 독버섯이란 별명

1
서서 우기를 건너는 중이다
죽은 나무에 뿌려진 빗방울 씨앗
어떤 목숨은 이렇게 무모할 때가 있다

그늘의 숨결인 듯
속마음이 뒤척이는 아침과 저녁의 바람
죽음 위에 얹혀 더부살이로 살아가는 습성 때문에
버섯의 태도는 음산하다

어르고 달래도 제 무기를 보여주는 법은 없어
주름갓 아래 넣었던 흑점이나
자주 가려운 배꼽 아래가 붉었다
품은 것을 끝까지 숨길 수밖에 없는데
붉으면 안 되는 것이 염치도 없이……
그러나
제 몸의 불을 끌 때까지 내버려 두기를

2
나는 내 손가락질에 걸려 자꾸 주춤거렸다
당신 향해 길어난 마음을 사랑이라 분류하지만
알고보면 이것은 독극물에 불과해
가슴엔 붉은 반점이 돋았다

당신의 등 뒤거나 마음 안쪽에 숨어 있어도 족하다 했는데
 내가 내 몸에 죄를 짓는 일이
 이렇게 달까, 쓸까
 입안 가득 바늘을 물고 핏물로 물들이는
 지독至毒한 나와 지극한 당신의 맹독성 눈물이
 혀끝에 깨물린다 해도 해독解讀되지 말기를
 그런데, 어쩌나
 상처 위에서 한 알갱이 모래 같은 것이
 가끔은 반짝거리는데

샌드위치맨

'울컥'을 삼키자
그의 가슴벽에 돋는 핏빛 글자
웅얼웅얼 불립문자의 비명이 새어 나온다
느닷없는 일은 끝내 이해될 리 없어
부르튼 이름은 아비의 명찰이 되었다
가슴에 묻지도 못하는 일이란 저런 것일까
그 자식을 찾는 일이 평생이 된다 해도
둘러멘 입간판
"이름 ○○○, 9살, 언어장애 있음"
살과 뼈를 벌리고 그 사이에 갇힌 형틀이다
저 이름에는 고약膏藥 같은 눈물이 고여 있겠지
잠자리처럼 눈빛이 흔들려도
눈매가 닮았으므로 아비는 표정을 바꿀 수 없어
가위눌림의 몸부림 위로 해가 저문다
등과 가슴까지의 거리에서 생애가 납작해질 때
그 선잠 위로 푸르스름한 나비 한 마리……

쑥

목숨이야
어디 놓인들 질긴 것이지

웬수 같은
바람 뒤에서 부옇게 뒤집어지다
흠칫, 돌아선 자리에
엎질러진 듯 번져간
푸른 눈물

당신은 이렇게 나를 놓고 갔지

아무데나 주저앉아
속절없이 속잎 쥐어뜯을 때
앙가슴엔 쓴물 고였지

규화목

나무는 묻혀서 돌이 되었네

다시 살아서 온 것처럼
실핏줄들이 돌 속에 피어 있어
삶과 죽음은 서로 놓지 못해 한 몸이 되었네
내가 죽은 동생을 놓지 못하고
차마 죽었다는 말이 나오지 않아 입안이 뭉그러지듯

이쪽과 저쪽 혹은 왼쪽과 오른쪽
생사의 길이 예 있어 두려워*
너도 아주 가지는 못했는지
핏기 가신 차디찬 이마를 내밀었나 봐

네 손바닥 위에 무엇이라 끄적였네
하는 말이란 거울 너머처럼 막막했지만
네 몸 안에서 흔적으로 굳은 핏줄의 무늬를
내 살갗들은 알아보는 것도 같아

〉
곁에 쪼그리고 앉아 눈을 뜨고 잠이 들곤 했네
그때
가슴에 돋던 별들이 따뜻해서 꿈인 줄 모르고 뺨을 댔는데

어머니, 나는 오늘 누구를 만났다고 할까요

눈물이 굳은 자리 아직도 질펀한 것 같아
한 덩어리 돌로 가슴팍에 고스란히 들어앉은,
부르면 나뭇잎들이 돋아날 것 같은……

* 「제망매가」에서 차용.

노이즈 캔슬링

마음 한쪽을 꺼두기로 했다
당신과 당신의 연락처를 차단하면
불의 혀 같은 소리 소문도
파열음으로 치닫던 대화도 사라졌다
소리의 편식은 너무 편리했고
등을 기대고 앉아서 서로를 삭제하는 방식이 즐거웠다

내 소리에 익숙해진 동안에 잡스러운 관계는 멀어졌다
당신이 몇 번 두들겨 봤을 내 마음은 안으로 잠겨서
어느새 아무도 알아볼 수 없게 되었는데
그 고립 속, 푸른곰팡이들이 자라고 있었다

닿지 못하고 사라진 이름들은 어떻게 되었을까
나는 내 말만 듣고 보이는 것만 믿었으므로
내 슬픔엔 소리가 날 리 없었고

당신과 내가 서로를 밀어내느라

다정히 앉아서도 다정을 알아보지 못한 채
허공 속에서 오래 헤맸다

노이즈 캔슬링, 버튼을 풀자
유폐된 이름들이 한꺼번에 몰려왔는데
그런데, 그 속에 이미 나는 없었다

도라지와 여뀌

도라지와 여뀌가 한솥밥을 먹는다
어떤 연고로
품을 늘리고 일가를 이루고
반반한 이파리가 영락없이 닮았다

사랑 따위라고
살다보면 그러는 거라고 허허거려도
여뀌를 뽑으려는 손을 가로막는 도라지
팔뚝에 바짝 힘이 실려 실핏줄끼리도 닮았다
잡것, 가시처럼 뽑으려던 내 손아귀를 막아서는
바깥 쥔 혹은 안 쥔
어떤 남남이 저렇듯 서로를 제 살로 여길까

괘씸하기도 하고 짠하기도 해서
꽃이 피기까지는 한 식구로 봐주기로 했다

혼자 밥 먹는 일은 나도 들어엎고 싶었으므로

꽃잎차

뇌성마비 은자 언니가 죽었다
일그러진 매무새 그대로 엎디어
가만히 눈 감았다
등허리가 휘어지던 흐느낌과
말끝이 길어지던 부끄러움이
풍장을 치르는 동안
몸을 빠져나오지 못한 향기는 안으로 스몄다
울음인 듯 웃음이 한 데 엉기어
서늘한 향내 뒤집어쓴
찔레꽃 한 송이 바닥에 눕는다
죽음 넘어가서야 비로소
잘 마른 꽃송이를 피워 냈을까
구겨지던 말도 몸을 빠져나와 훨훨
다시 생기가 도는 듯 화색이 찾아오고
제 속 우려내어 한없이 맑아질 때
한 토막의 생애가 처음인 듯 환하다
찻잔에 담겨 떠오르는 한 잎의 달

2부
삭제된 메시지입니다

눈먼 생각

눈먼 생각이 들어왔다
아니다 아니다 싶으면서 문을 걸어 잠갔다
낮에는 보이지 않던 음흉한 내가 활보하는 밤거리
가끔씩 가로막는 불빛도 있었지만
어차피 나는 눈먼 사람
나로부터 최대한 멀리 가자
너의 꿈 속으로 쳐들어갈까
너를 꿰차고 나와서, 푸른 달까지 달아나서
우물우물 삼켰던 것을 토해 네 입 속에 넣어줄까
번지르한 독약 같은 말 굴리다가 사탕처럼 깨 먹을까
나를 벗어나는 일이 이런 기분일까
너뿐인 거리에서 하루 전의 나를 배신한다

나는 왜 보이지 않는 것을 감추려고 조바심쳤을까
억눌린 가슴 비벼 불꽃을 만드는 일
그 불꽃에 눈멀지라도
보이지 않는 것들은 부디 보이지 않기를

복화술
― 인형의 노래

노래를 배웠네
바람과 나뭇잎의 관계가 그렇듯
그녀에게 사로잡혀 대놓고 입 맞추는 것이 좋아서
이 노래의 떨림으로 그녀를 느끼고 있었네

우물거린 말들이 앙다문 이 사이로 빠져나왔네
나는 그 말을 받아들고 울어주느라
쉿
나를 달랠 때에는 애드리브로 눈물 같은 것을 보였지만

뱃속에 묻은 그녀의 금기어
므, 브, 프
내가 알아차리고 얼른 그 이름을 입술에서 가로챘네
삼키지 못한 것들에 부대껴서 어떤 표정은 없었지만
뱃속에서부터 울음을 끌어올려
그녀는 우는 법도 가르쳐주었네

사랑한다고 사랑한다고 주고받은 말이
실은 나를 지르밟고 가는 말인 줄 알면서도
맥없는 나를 빙자한 줄 알면서도
처음으로 사랑을 발음하게 해준 그녀가 좋아서
좀체 보여주지 않았던 입안의 혀를 내밀어

한 번쯤은
내 속엣말도 들려주고 싶었네

낙화생

애인이 나를 땅콩이라 부르자
나는 낙화생이 되었어요

금지되었던 밀서를 뱃속에 밀어넣고
우리는 지하 셋방으로 숨어들었죠
쓸모없는 실뿌리에 그치고 말까봐
발끝을 말아쥐고 동동거릴 때
배꼽 안쪽에서 몽우리 같은 점이 부풀었어요

두 마리 나비가 어깨에서 팔랑거리는 꿈이 선연했죠

촉수를 뻗어 호흡을 나눌 때 단내 나던 코끝
애인과 내가 자귀나무 아래서
얼굴 오므리고 잠든 걸 보면
볼모 잡힌 협과가 뱃속에서 차오른 걸 안다면
뛰어내린 모험이 성공적이었다는 표시겠죠
부끄럽지는 않았지만 깜깜하게 동여맨 아랫배

이제 땅 위에서 당당하게 풀 차례예요

허방으로 발을 내렸을 때 걸었던 미래가
환하게 길을 내고 걸어와요

낙, 화, 생
떨군 꽃에서 비로소 생이 피어나는

그 어느 날엔가는
― 弔花戀歌

이제야 당신은 내 차지가 되었네
사람들은 새 봉분을 다져 눈물도 없이 돌아간 뒤
떨구어 놓은 듯 나는 남았네
멀고도 가깝던 당신의 집 한 채
가만히 그 아랫목에 발을 밀어 넣으면
미동도 없는 당신은 나를 알아차릴까
앉은 자리에 온기가 도는 듯
당신이 내 이름을 불러주는 것 같아
맘 놓고 울어도 되겠네
이것이
오래 꿈꾸던 우리 둘만의 내일
당신은 목숨 뒤에 와서 나를 차지했고
나는 이렇게 한 뼘이라도 곁에 있고 싶어
숨죽이며 그대의 뒤꼍을 걸었지

슬하에 토끼풀 몇 눕혀놓고
멧비둘기 내 가슴으로 돌아오는 해거름녘

띠꽃처럼 하얗게 머리 흩날리며 바래가다가
어느 늦은 가을
당신 옆에 아주 누워 다리를 척, 들어 얹으면
그때는 우리의 서러운 이름이 지워져도 좋겠네
무덤 속이 양지마냥 따뜻하겠네

숨은 그림 놓아주기

이른 아침 텃밭 한 상이 차려졌다
먹다 만 흔적이 있는 열무잎에
연두색 똥을 누다가 급히 숨은 놈
몽글몽글 따뜻한 밥풀 같다
밥상에 먼저 숟가락 든 놈을 찾겠다고 부릅뜬
내 눈과
열무의 속곳을 뒤집어쓴
겁에 질린 이슬방울이 마주보는 순간
일체가 절벽처럼 서버린 것 같아
앙다문 내 손가락도 슬그머니 풀었다

어쩌면
열무꽃은, 애벌레는, 흰나비는
열무잎이 숨겨 키운 살붙이뻘은 아닐까
손을 거두어 뒷짐을 지고
벌레 먹은 열무 곁을
나는 못 본 척 지나왔다

나비 화석花席

수련잎이 나비 화석 문양을 입었다
항로를 이탈하고 밤새 발버둥치다 무늬가 된 나비
죽어서라도 어떤 은유가 되고 싶었을까
야행을 틈탄 길
잠시 어둠을 핑계로 내려앉았다가
그대로 스며들고 싶었는지도 모른다

당신의 헛꽃 언저리를 떠돌다가
새벽달처럼 하늘을 파고들어 죽은 척
한 계절이 지나도 좋다고 중얼거린 일
나도 있는데

보란 듯 드러낼 수 없는 속엣말
당신 팔짱 끼고 당당한 문신처럼
흰나비는 목숨을 다해 새겨놓았는지도 몰라
나도 꽃자리에 엎드려 나비처럼 울었지

공갈빵

내 자궁은 거미줄 가득한 창고
속이 썩어서 발효되는 알감자의 세계
동그랗게 열기를 말아쥐고
한마디면 탄로날
빛과 어둠이 한 몸에서 산란産卵하고 있다

거짓말이라도 붙잡아 배꼽 아래 접붙이고 싶었다
실없는 약속을 믿던 열 사나흘 밤
어떤 씨앗이라서 나는 그 말에 부풀었을까
상상은 끝까지 날개만 있어
그것의 성분은 달콤하고 새콤해서
빈속이 울렁거릴 때는 당신 이름을 꺼내 깨물었다
그 달큰한 기억에 몸이 드느라 헛배가 불러서 보면
달덩어리가 아랫배에 떠 있는 것 같아
그런 밤엔 거짓말일수록 살로 갈 것 같았는데

베어 먹다보면 넓어지는 허공

불빛 희미한 어느 행성에서 나는 몸을 풀었다
와사삭 부서지는 산통産痛보다
안개만 퍼질러놓은 밑이 더 따끔거려

몸을 빠져나간 것은 무엇일까
입구이고 출구였던 날개가 사라지고
불룩할수록 위험했던 꿈들이 깨졌다
아슬아슬한 당신의 그림자 하나도 낳지 못한 채

흰죽

잠들지 못하도록 흔들어 깨워야 하는 것이 있다
나른하게 뒤척이는 숨결의 신호
가장 처음이면서 나중이다

몇 마디의 반복되는 기도와
불의 느긋함과 주걱의 젓는 속도가 맞물린다
뭉근한 속내를 드러내다가도 자칫
맘에 없는 말로 끓어 넘치지만
바닥에서 차오르는 밍밍하고 미지근하고
울컥, 얼굴을 묻고 싶은 살 냄새
그래서 흰죽은 깨물리지 않는 것일까
그 어떤 깡치도 눈빛도 없어
죽은 떠 먹기보다 떠 먹여야 어울리는 자세
입술 사이에서 흘러내리는 싱거운 말이
양약보다 더 영험스러울 때가 있다

오랜 투병으로 허여멀겋게 떠 있는 당신과 나는

죽사발을 사이에 놓고 마지막 말을 떠 먹는 것은 아닐까
몸을 부려놓은 듯 아무런 저항 없이
흰눈에 덮여 점점 모습을 잃어가는 것도 같고
휘젓고 할퀴던 냄빗속 시간이 한데 어우러져
당신과 내가 합장合葬되어 누운 것도 같아서
흰죽은 죽기 전에 찾아드는 성지처럼 정갈하다

빛과 그늘에 한 발씩 걸치고
기울어가는 것들을 껴안고 입 맞추는 일이 있다

삭제된 메시지입니다

입 없는 말이 찾아왔다
삭제된 메시지라는 문장 안에서
뼈만 남긴 의미의 흔적을 읽는다

우리는 절반의 연애를 하며
헤어지자, 헤어지지 말자는 말을
혀 밑에 넣고 산다
삭제 버튼을 눌렀는데도 삭제되지 않는 속마음
어떤 말이든 혓바늘이 돋아 까끌거렸다
유산되거나 사산되어버린 새벽의 내 일기처럼
한 줄 문장은 혈흔 같아
'삭제된 메시지입니다'
실은 내게는 떨리는 위로

그 하얀 눈길은 간 곳 없지만
내게로 걸어온 발자국만 움푹 파여서
아무도 몰래 눈길이 붉었다

신과 함께

금화규 꽃몽오리를 질끈 꺾었다
참수 당했다는 걸 이해하지 못하고
느릿하게 눈을 껌뻑이는 금화규
어떤 꽃은 꽃으로 백일을 붉기도 한다는데
고작 하루도 못 채우고 벗는 연노랑 화관
산다는 건 기억일까 습관일까
깊이 든 잠에서 피어나는 꽃잎의 표정
몰라서 속는 척, 비명을 건너뛰면
누가 손이라도 잡아주는 모양이다

그 길 끝을 짐작할 수 없지만
막다른 절벽에서 허공으로 발이 들리는 순간
업혀서 둥둥 떠 간다
눈 감지 않는 꽃송이를 쓰다듬어 말렸다
무엇인가 설명하는 것처럼
잘 마른 몸에서 생전의 빛깔이 뚜렷해진다

싱잉볼

소리를 담는 그릇이 파드마* 자세로 앉아있다
흐느낌과 통곡을 짓이겨 제 입에 물고
소리로써 소리를 다스리는 몰현금의 세계

나뭇잎 사이 휘청거리는 바람소리와
웅얼웅얼 제 소리를 따라도는 여울물
그것들은 살아서 손을 흔드는데

나는 소리 내어 울어 본 적 없으므로
가슴팍엔 진珍물이 고였다

몸을 울려나온 신음처럼
찐득한 소리들은 멀리가지 못 해

마음은 몸에 묶여 있어서
몸은 마음을 놓아주지 않아서
노래와 울음 사이에 눌린

내 울음보는 해석될 리 없어도

목계木鷄처럼 꼿꼿이 앉아서
제 몸을 돌아 나오는 소리를 듣고 있다

* 요가의 기본 중 앉은자세.

주금화*

당신의 이름을 발음하지 못해서
그저 '그', 라고 하거나 나만 아는 이름을 지어 불렀다
어떤 날은 강가에 앉아 꽃잎을 따서
당신의 이름에 매달아 던지며 놀았다
수장되는 줄도 모르고 소금쟁이처럼 떠 있는 꽃에게
아무도 죽었다는 말 안 하듯
당신을 죽었다고 말하면 정말 죽은 것이 될까 봐
주금화, 소리 나는 대로 받아 쓴다

단 한 번의 죽음 위해 평생이 걸렸다지만
완성이란 있기는 할까
그 죽음을 체험하려는 듯
주금에 발 담그던 벌레가 화들짝 표정을 바꾼다
진록의 잎선이 곡진하게 받드는 주금朱金꽃의 세계

그날 이후 당신의 이름을 부적처럼 품고 산 내가
그 이름이 부르고 싶을까 봐
길들이지 못한 혀를 입천장에 둘둘 말아둔 것처럼

〉
노을빛 뒤집어쓰고 창가에 매달린 꽃등
제 죽음의 한순간을 피워내고 있다
朱金으로 죽음을 액땜 했다는 듯

* 주금화(朱金花): 자생춘란 중 붉은 금빛이 도는 꽃을 피우는 희귀란의 꽃.

나를 묻는다

366번 버스 종점 근처
내 걸음을 잡아끄는 순분씨가 산다
어느 이전으로 들어간 듯, 어떤 경계 밖으로 넘어간 듯
긍정일까 부정일까
그녀가 체머리를 흔든다

밥 먹는 것조차 남 일인 날에는
밥숟갈 위에 자식들의 이름을 발라 얹어주었다
가시 끝에 무엇이 묻어
헝클어진 기억을 뱉지 못한다

어느 날은 그녀의 딸이 찾아와 부둥켜안고
"엄마, 내가 누구예요"
한바탕 소란을 떨고 가면
빚쟁이 같은 아들이 다가와
"내가 누구예요"
누구라도 와서는 내가 누구냐고 묻고 가는 이 인사법에

나는 슬몃 웃음이 났다

그녀도 때로는 아주 까마득한지 나를 엄마라고 부르는데
내가 누구냐고 순분씨도 묻고 싶을까

핏빛의 맨발을 벗으며 서녘 해가 주저앉는다
호칭으로 이어지는 관계가 자주 끊겨도
나는 너에게, 너는 나에게 누구인지 물어야 할까

집으로 가는 버스 차창에 내 이름을 써 본다
왼쪽에서 쓰여지는 낯선 글자를 읽을 수 있을까
늘 내 밖에 있는 당신이

홍역

푸르스름한 잠결
당신의 마음에 손을 댔는데

육십 년의 잠복기를 지나
어떤 점묘파 그림처럼 온몸에 열꽃이 번졌다
통증으로 분류된 가려움 때문에
그러나 아무런 흉터도 남길 수 없어 허공을 긁다보면
내 가슴엔 생채기가 났다

이쯤 되면 그만한 아픔은 받아들일 줄도 알아야지
부스럼 나지 않고 피었다 지고 싶은데
부끄러운 것보다 더 당황스럽게
견딜 수 없었던 짝사랑처럼 오한이 났다
이 떨림 하나로도 나는 느껍지만
혼자서 타오르는 늦은 발화發花를 어떻게 감춰야 할까

발버둥치며 지나간

두렵고 떨리던 외계의 시간
터뜨리면 안 되는 물집이 잦아들 때까지, 아니
귀밑에 하나쯤 붙들고 울어서 흔적을 남길까

거미줄에 발목 잡힌 나방 한 마리
가까스로 빠져나간다

버들강아지 오요요

살얼음 눈빛이 젖어드는 시냇가
버들강아지도 눈을 끔적거리고 있다

강보처럼 솜털에 쌓여 무엇이 보고 싶었나
한낮 햇볕마저
이럴 줄 몰랐다는 듯 실눈을 뜨는데

시냇물도 무릎을 짚고 겨우 일어서는 이월
잠귀 밝은 강아지가 하품을 할 때
이때다 싶었는지 햇살 한 수저 떠 넣는 바람

바람의 손을 타서 등허리가 미끈해졌다
코끝을 간지럽히며
이제는 데리고 놀만한 버들강아지
<u>오요요 오요요</u>
바짝 귀를 세우고 봄에게 손을 내주고 있다

몸살

몸과 마음이 만나는 곳에서 불꽃이 일었다
온몸에 화살을 꽂고 웅크리는 밤
용서하지 못한 말과
사랑했던 척 뱉어내던 말들이 나를 들이받아
신음같은 혼잣말이 울음을 키운다

나는 어디론가 떨어지는 운석
식은땀으로 얼룩진 어느 이부자리 밑에서
죽었다 살아난 것처럼 발견되고 싶은데
열꽃이 지고나면 무엇이 열매로 맺힐까
밤새 뒤척인 새벽의 이마가 수척하다

품에 넘치는 것을 조여매도
내가 지핀 불꽃에 입은 내상을 숨길 수 없어
마음으로 쌓는 것만 죄가 되는 것이 아니다
몸이 느끼는 것 또한 죄
어떤 계절은 나 모르게 지나가버렸으면 좋겠다

3부
바람의 집

가을강

저물녘 바람을 따라 강가에 나가
속으로 울고 있는 물소리 엿들었네
강물은 웅얼거리며
갈대숲 지나 꽃무리 진 언덕을 돌아
어질어질 노을 속으로 몸을 누였네

그날, 네 감은 눈 더 깊어지고
너를 띄워 멀어지던 강물
왜 나는 선뜻 네게 손 내밀지 못했을까
다시는 오지 않을 줄 알면서도
차마 마지막 인사를 하지 못했네
잘 갔 니
이제야 달맞이꽃잎에 적어 안부를 묻네
언젠가 어느 바다에서 다시 만나기를

어떤 무늬로도 남지 못할 혼잣사랑 때문에
제 눈물로 깊어가는 가을강을 보았네

따뜻한 알

방금 낳은 알을 줍는다
손 안에 엉거주춤 무게가 실리고
따뜻해서 나는 죄짓는 기분이었다
꽁지 빠진 푸석한 닭은 멀리 가지 않고 울었다
제 낳은 알이 어디 가서 무엇이 되기를 바랄까
그 뜨거운 울음이 나를 따라오는 것만 같아

주웠다고 내 것일까
저렇게 눈을 똥그랗게 치뜨고 허둥거리며 우는데
화닥거리는 밑이 채 가라앉기도 전일 텐데
주웠다는 말이 무거워
나는 그것을 놓을 뻔했다

오래전
할머니가 애기 하나를 데려왔다
그 핏덩이 낚아채며
산발한 채 울고 있는 여자를

몰강스럽게 쫓아버렸다고 했다
묽은 젖이 돌기도 전인데
폭발하고 막 가라앉은 화산처럼
꺼진 아랫배에서 물컹한 슬픔이 흘러내리고 있었을 텐데

뜨거운 기억을 품은 것들은 또
일그러진 새벽달로 희부윰하게 지워지겠지만
언젠가 따뜻한 체온으로 살아있었음을 증명할 수 있을까

한번도 본 적 없는 그 여자
오늘 닭장에서 만난 그녀

그 잠 곁을 돌아 나왔다

죽은 이의 한 끼를 차리려고 추석장을 보러 나섰다
건어물집 서까래에 달려
눈이 움푹 꺼진 북어 몇 쾌가 내려다보는데
주인은 생물이라고 힘을 주지만
좌판 위의 생선들은 이미 눈이 돌아갔다

부릅뜨고 잠을 쫓는 채소 가게를 지나
노점의 한 노인이 늦은 점심상을 차려놓은 듯
신문지만 한 그늘을 깔고
노지상추 청양고추 야들야들한 부추
가지런히 진설해놓고 자울자울 한다
나는 저 약 될 것 같은 부추를 사고 싶다가
더 맛나 보이는 잠 한 소쿠리도 욕심 났지만
아니다 아니다
세상 뜬 영감님 만나 겸상이라도 한 듯
벌어진 입가가 달차근한
근심없는 저 표정을 흔들 수 없다

〉
저 푸성귀 몇
돈 바꾸어 무엇을 하고 싶었을까

죽을 복이라도 잘 타서
아무 날 아무 시
경로당 마실 가듯 까무룩 잠들어 떠나고 싶다던
그녀의 곤한 잠 곁을
나는 까치발로 돌아 나왔다

어떤 자세

사바사나* 자세로 눈 감으면 등허리가 달다
개미귀신**처럼
죽은 것은 쓸모를 찾아 묻어두는 일

욕심을 뱉어내면 등이 땅에 닿았고
팔 다리가 없는 기분이 들었다
삶은 혹은 죽음은 서로에게 안식처가 되고 은신처가 되기도 해
썩은 나무토막 속으로 길을 내는 흰개미

이렇게 편안한 자세라면
모른 척, 죽었다 칠 수 있을 텐데
깊이로 흐르는 시간 속에 누워
천년을 사는 것처럼 잠들 수 있을 것인데

캄캄한 터널을 지나 그 끝에서 눈뜨는 것들은
어떤 고백을 할까

명주잠자리가 개미귀신의 눈에서 꼼지락거릴 때
가지런한 몸에서 흰 뼈처럼 드러나는 자세가 있다
막 돌아온 듯 막 떠나려는 듯

따끔따끔 빗방울이 생살을 후비는 수면
나는 물풀처럼 누워 있다
생각을 거둔 자리가 쓰라려 돌아누울 뻔했지만
지금은, 흔들려서는 안 된다

나의 천적은 아무래도 나
내가 지나갈 때까지 나는 가만히 있기로 했다

* 요가의 기본 자세로 일명 송장자세라 함.
** 천적을 만나면 죽은 척 위장한다는 벌레로 명주잠자리의
  유충.

먹감

한여름이 지나면서 기미가 짙어졌다
모래내시장 노점에서 날로 햇볕을 받던 여자
나잇살이 배 쪽으로 몰려
전대 두른 허리께가 제법 둥실하다

만지작거리다 가는 손님의 지문은 암호 같다
잎사귀만 한 손차양을 치고 구푸린
그녀의 가슴에 멍이 찍힌다

천둥 번개가 달려들어 흔들 때에도 맨등을 내밀던 무심
무심이라 해도 떫은 날이 없었을까
혼잣말은 더 떫었지만
우물거리다보면 단물 고였는지
귀밑의 흑자점이 홍조 위에 걸쳐 있다

물컹해진 속내
감씨 몇 개 심지처럼 들어 있어

〉
견디다보면 지나가더라고 잊히더라고
반쯤 귀 막고 눈 감고 살아도 물리를 꿰는 그녀
떨이로는 팔 수 없었던 한 무더기 노을이
리어카에 얹혀 따라가겠지

심중에 품은 그것은 자외선도 두렵지 않아
커다란 반점 하나 훈장처럼 내미는
그 여자 주홍빛 얼굴에 찍히는 낙관

비늘

숨 죽인 가장들이 얼음을 껴안고 누워 있다
조랑조랑 식구들의 까만 눈동자에게
다녀오겠다던 아침 인사는 수포가 된 걸
알까
몸이 뒤집히며 쓰라린 뱃속에 소금이 뿌려지는
생선가게 좌판

얼음 위에 반듯이 눕힌 그 눈이 흐린 거울 같다
고향의 바다가
팔락거리던 어린 것들의 지느러미가
보이다가 사라졌다가 다시 어른거리고

세네갈이 고향이라는 이빨 앙다문 갈치
블라디보스톡 그 망명의 바다에서 잡혀 온
눈알 찢긴 동태
영문 몰라 눈 감지 못한 저것들
식솔 위해 밥을 벌던 몸통들이

무심하게 흥정을 기다리고 있다

저 몸값은 누구의 것이어야 할까

낙원수산 옆 희망인력 사무실 평상
일 마친 이주 노동자들이
믹스커피 마시며 핸드폰을 들여다보고 있다
벗겨지다 남은 것처럼
등에 묻은 생선 비늘들
노을빛에 잠시 번득인다

한마음계량소

격포 가는 길
한마음계량소를 지나간다

그대에게 가는 마음이 몇 근이나 될까
죄 짓고 가거나 죄 지으러 가는 사람처럼
두리번거리는 마음을 올려놓으면
바늘이 가리키는 방향에 움찔거리겠지

넘치거나 모자람으로 기우뚱거릴 때
부피와 무게, 나는 옳게 읽을 수 있을까

질끈 눈 감고 계량소를 통과했지만
나를 속이는 건 언제나 나
자주 심문心問에 걸렸다

제 몸으로 마음을 재듯
밀물을 받아 안고 출렁이는

만재흘수선

양심이란 항상 옳기만 했을까
돌아보지 못하고 가는 나를 앞질러
내 심정의 표정들이 갯벌 위에 펼쳐져 있다

하루 두 번
나는 나를 끌고
달까지 갔다오곤 했다

무단 방류

검증되지 않는 당신의 말이
소문에 섞여 내 몸으로 흘러들었다
무미하고 건조한 투명은
언제 어디서 나를 깨뜨릴지 모르므로
나는 허우적거리며 손사래를 친다

모르는 것은 병
그것을 키우면서 늙어가겠지
이따이이따이*
몸서리치는 신음이 구멍 난 뼛속에 쌓일 때
당신이 혀 밑에 넣어둔 비극은 해독될까

아직, 혹은 설마라는 사슬에 묶인 그 말과
걸러내지 못한 당신의 불온한 눈짓
심해心海의 해류를 돌아와 나를 옭아맬 때
나는 속수무책, 당신의 작난作亂으로 죄를 뒤집어쓰고
〉

그때, 아닌 것은 아니라고 왜 뱉지 못했을까
사라지지 않던 얼룩이
내 늑골 아래 맹독성 새끼를 치고 들이받는 오늘
숨 쉴 때마다 골절 되는 우리의 관계
파편 같은 물결 위에서 달빛도 비틀거린다

당신을 만나기 직전의 직전으로 발을 뻗으려 해도
차라리 무서운 것은 죽지도 못 하는 것
아야아야
부은 허파로 끊임없이 헐떡이면서
어디론가 쓸려가고 있다

* 일본 공해병의 하나로 이따이이따이(아프다아프다) 호소하는데서 붙여진 병명. 광산에서 카드뮴을 강에 그대로 방류한 것이 원인이라 한다.

노각

숨어서 늙은 오이가 등을 보였다
바람에 건성건성 말라가는 이파리와 줄기 사이
이제 들키려고 작정했는지
튼살을 내민다

파산 문서 위에 뚜렷하게 찍힌 목도장처럼
동그맣게 앉은……

씁쓸한 입 안
오래 머금은 말은 어떻게 되었을까
뱃속에서 굳어져간 씨앗은 다음 생을 꿈꾸겠지만
생살 안의 다음 생이란 알 수 없는 일

처서 지나 한기 드는 땅에 맨등허리로 누우면
무슨 말이든 유언이 될 것 같은데

종적 감췄던 고모의 부음이 들렸다

자궁을 들어내고
씨도 없이 눈물만 영글던
괄호에 묶인 그 시간에 답할 수 없어서 나는
울혈로 뭉쳐진 노각의 앙가슴을 긁어팠다

그늘 속에서 저절로 늙은 혼잣말들이
여문 씨가 되어
제 속을 후벼댔는지 혼곤하고

마른 줄기에 매달렸던 고모
그만 가도 된다는 듯 슬그머니 손을 놓는다

냉잇국을 끓이는 저녁

언 발이 녹느라 근질거린다
온몸의 냉기는 가시지 않고
떨이로도 팔지 못한 냉이 한 소쿠리

결국 내 것으로 처진 것
우둑우둑 문질러 저녁상을 차려야겠다

찬 손을 비벼 감싸던 얼굴이
얼었다 녹은 냉이 같아
버석거리는 살갗과
섬닷한 겨울 햇살을 다듬던 손끝이
서로에게 초라한 온기를 건넨다

불빛 향해 돌아오는 발소리를 기다리며
종일 떨었을 냉이를 끓어오르는 물에 넣는다
나른하게 돌아눕는 긴 겨울의 뿌리
바닥을 치고 들끓는, 잠시 환해지는 냄비의 표정

〉
한소끔 뜨끈한 국물로 끓여낼 때
뿌연 김이 저녁 창에 어린다

수염 틸란드시아*

아이가 거꾸로 들어섰다는 말을 들었다
햇빛이 쪼그리고 앉아 들여다보는 반 지하방
나는 마음이 매달린 채 누워 있었다
발끝을 풀고 간신히 대롱거리는
틸란드시아의 흐린 눈동자와 마주쳤을 때
그제서야 오래 물 주지 않았다는 생각이 났다

그런 것 없이도 살 수 있다고
뿌리를 뛰어넘는 경지 보여주고 싶어
든든한 허공으로 걸어가자고 손 잡았었지
우리의 방식으로 부풀어질 때는
깊이 모르는 바닥도 두렵지 않았는데
중력과 부력 사이
어떻게든 촉수를 내밀어야 했던 나는
처음으로 초월이란 말에 손가락을 걸었다

부시시 일어나 물을 나눠 마셨다

예쁜 걸 떠올리고
머리를 길게 늘어뜨리고 싶을 때마다
뱃속의 아이가 딸일 거라고 여겼다
아이는 자라서 나에게로 착지할 수 있을까

틸란드시아가 꽃몸살 앓을 때
내 몸도 꿈틀거렸다
두 발로 걸어 나오는 아이를 기필코
세상으로 번쩍 들어올릴 것이다
빛을 산란하는 공중정원
허공에 매달려서도 물을 빌지 않는
틸란드시아 그 꽃의 묵음默音을 네 귀에 들려주면서

* 공중에 거꾸로 매달려 자라는 식물.

부추에 대한 소고

길어난 부추 한 줌을 자르려던 순간
당신을 향한
머뭇거리던 손이 중심을 잃었다

감출수록 치받고 올라 숨막히는 것
자라선 안 되는 것들이 내 안에 무성해

아무도 몰래 베는 날카로운 참회
당신을 혹은 나를 자른 단면에서
말갛게 혈흔이 어렸다
사랑이라는 빛깔 용서의 무지개처럼

잘릴수록 가지런히 저를 세워가는 부추처럼
불온한 생각이 뭉쳐 몸 밖에서 자라기 전
날마다 내 마음을 베는 새벽이 있지만……

참깨를 볶으며

너희들은 할 말은 하고 죽는구나
타닥거리며 튀어 오르다 보면
석삼년 잔소리도 고소해졌을까
닳아진 나무 주걱이 쉬지 않고 등 떠밀던 그때
나도 둥글둥글 모서리가 지워졌다는 걸
그 몸부림 끝에서 눈물이 맑아졌다는 걸
나중에 알았다
앙알거리는 참깨처럼 대들지 못하고
웃음도 울음도 한 입에 넣어 우물거렸을 때
노을지듯 저뭇하게 갈아앉던 울화
디딜 곳 없도록 팍팍했던 시집살이가
기름 중의 기름과 소금 반열에 오른 깨소금으로
이제는 내 속에 환한 유전油田이다
노릇노릇 잘 볶인 참깨를 보며
아직도 할 말이 있는가
내게 묻는다

양간지풍

나의 양양에서
당신의 간성은 멀다
우리 사이엔 바람에 뒤틀린 듯한 산맥이 가로놓여
봄이면 한바탕 밭은 숨이 틀어오른다
바짝 마른 가슴팍에 기어이 불이 붙고

당신에 대한 굶주린 생각이 불타오르면
혀끝에 달구어진 이름 부르며
이 화염의 골짜기에서 돌아설 수도 없어
나는 죽어야 끝이 날, 간성에 다다라야 한다

오래 서성거린 바람이 갈기를 세워
내 움츠린 어깨에 채찍처럼 감겨오면
활활 꽃신 신고 나는 목숨 사르며 산을 탄다
솟아오른 능선 아래서 주저앉을 뻔도 했지만
이미 엎질러진 불의 함성 앞세워
〉

양양에서 간성까지
빠른걸음으로 하룻밤 하룻길
잡히면 죽는 날카로운 불꽃 등에 지고
나는 헐떡거리며 산등성을 넘어간다

내 안의 불로 내 살 지지면서
너에게 닿는 간성에서 나는 재가 되겠지만
잿속에 타고 남은 이름 끌어안고
아직 불기로 뜨거운 나의 이마를 식히리라

그런데, 그놈의 간성은 어디에 있을까

당신과 나의 경계에서 모래바람이 불어왔다

분가

스무 살의 안쪽은 꽃물이 스미는 곳
손톱으로 뚝뚝 끊어서
비명 대신 붉으레 눈물이 괸 줄기를 마당귀에 묻었다
쓰라린 맨살 어둠 속에 밀어넣고
사흘 밤낮 웅크리더니
슬픔의 단면이 꾸덕꾸덕 자리 잡았다

어깨와 허리 구푸리고 무릎을 꿇고
어둠 속에 뿌리를 접지하던 채송화
쌔뜩한 색색의 얼굴 서로 내밀며
깁스한 채 퇴원한 내 병색을 살핀다
부러진 왼쪽 발목은
이 적막 속에서 얼마나 견뎌야
뼈와 뼈들이 들어맞아 제 집을 지을까
진津물 위에 진珍물이 스며
내 흉터는 분홍에게 닿게 될까
⟩

꽃에게도 피를 나눈 식구들이 있어서
빨강은 빨강에게 눈시울이 붉고
노랑은 노랑끼리 기대고 있는 한낮

어느새 일가를 이루어
발등에 붙은 손톱자국으로 서로 알아보는지
꽃들의 눈빛이 그렁거린다

타임아웃

싸움이 싸움을 부추긴다
눈에 뵈는 게 없어지자 내 편 남 편 없이 엉겨붙었다
다시는 안 볼 것처럼 억지소리를 내지르다가
타임아웃, 내가 소리쳤다
벌린 악다구니에 건초 같은 시간을 물려놓고

하필 '부부반점'에 마주앉아
매운 짬뽕을 후룩거리는 내 접시에
웬수는 잘 비벼진 들큰한 짜장면을 덜어준다
반칙으로 반칙을 입안 가득 밀어넣자
싸움의 원인조차 소화될 것만 같아

침 한 번 꼴깍 삼키는 잠깐
씩씩거리며 열까지 헤아려보는 그 동안이
나와 내가 싸우는 격전지였다
때로는 계산에 넣지 않는 아웃이
큰 몫을 하기도 했다

4부
탈피

가묘

이 집과 나와의 간격은 몇 걸음 차이일까

내 몫이라는 봉분
빈 밤송이처럼 꺼칠하게 누워 있네
굶주린 창자를 품고 있는 서먹한 눈빛
나는 언제 저 빈속의 알맹이가 되는 걸까
죽음의 안쪽이 살갑기도 하고
어느 귀신의 집인 듯 섬찟하기도 하지만
언젠가 내 발로 와서 신을 벗는 종점
다만, 그때 여기가 끝일까 시작일까
뻘흙만 머금고 있는 한 마리 조개처럼
이승과 저승이 뒤엉킬 때가 있네

꿈 꾸듯 어떤 시간이 와서 나를 만나면
그대 안녕하신가
낯선 나의 손을 잡아
안으로 들어가리라

빚잔치

그악스럽게 울어대던 여름 숲
숫매미 한 마리가 투신했다
그 무슨 감당할 수 없는 빚에 몰렸을까

나뭇가지 뒤에 숨겨두었던 식솔보다
갚을 길 없는 짐이 더 무거웠던가 보다

영원을 살 것처럼 당당했던 맹세로는
보증 선 가을을 해명할 수 없어
입 닫은 제 생을 뉘 집 잔치에 진설陳設했을까

까맣게 빚쟁이들이 모여들었다
빚과 빛이 같은 소리로 묻어가는 지점이다

개미들은 맡겨놓은 듯 세간살이를 물어날랐다
값 나갔을 목청과
생전 부러웠을 날개옷은 옆구리에 끼고

울어본 기억만 적힌 몸뚱아리도 계산이 되는 모양이다

한 채 모래성처럼 낮아지다 스며들었다

무엇이 무엇을 대신할 수 있을까
잔치의 뒤끝은 깨끗하지만
그가 남긴 울음은
이명으로 들어앉아 끝없이 묻곤 했다

울음도 노래도 되지 못한 내 사랑도 이쯤에서 끝내자
갚으면 안 되는 빚도 있으므로
나는 그것을 붙안고 가라앉기로 했다

삽목

가망 없는 꿈 한 가지를 분질러 묻었다
꽃눈 대신 까막눈만 끔뻑이던 수국
숨죽인 채 죽음을 통과하는
흙방에서의 몇 잠이 쓰라리다

신생은 밑바닥과 접붙인 아랫도리의 힘일까
움츠리고 앉아 진땀 흘려 잔뿌리 내리는 수국처럼
베트남댁 부부가 이 마을에 들어앉았다
흙의 더께를 두른 맨발에 심줄이 굵어지고
식구가 늘어 웃음도 헤퍼진 투언 씨
어느덧 해끗해끗한 삼월의 이마에 핏기가 돌아
그를 빼닮은 딸도 다리가 짱짱해졌다
더듬거리는 전라도 사투리가 안쓰러웠지만
한사코 뿌리내리려는 몸부림 같아서
나를 아짐으로 부르라 곁을 주었다

마을의 어엿한 농사꾼이 된

뚜언네 이앙기가 들판을 물들여간다
아내가 고구마순을 끊어 묻은
밭두둑도 꿈틀거리며 기어간다
청보라빛 수국밭도 마음이 다급해지겠지

죽기와 살기
그 틈바구니에서 뿌리내리는 내일
땅맛 들어 어깨가 봉긋해지는 뿌리 밑을
마음을 끌어다가 가만히 덮어주던 봄날이었다

공중전화기

찻길 가에 무심히 앉아
오가는 사람들을 바라보는 것이 일과다
귓구멍으로 떨어지는 동전 소리 들은 지도 오래
종일 몇 마디 혼잣말로 허기를 때운다
잔기침 쿨럭이던 굽은 등, 바람이 다독일 때는
제 입안의 말 토해낼 것도 같은데
평생 남의 말이나 엿들으며 살아왔지만
말을 섞거나 마음 흔들려 보거나
들은 말을 뉘게 흘려본 적 없었으므로
혼자서도 밑자리가 춥지는 않았겠다

틀니 달그락거리는 뒷방 노인처럼
헐거워진 다이얼에서는
짠한 소리가 난다
귀를 쫑긋 세운 강아지풀이
붉으스레 녹슨 무릎 간질거리며 재롱을 떨 때
쓴물 단물 스민 주름 사이로 설풋 웃음이 번진다

냉과리의 노래

닿지 않는 바닥에서 허우적대던
서른 즈음의 희나리 같던 날들
구워지지 않는 토막에는 무엇이 들어있길래
가슴팍 두드리면 연기만 피어올랐을까
물에도 불에도 뛰어들지 못한 내 꿈들
절름절름 주저앉아
곁불이나 쬐는 일은 더 목말랐고
당장 불씨가 되지도 못했지만

나는, 여기가 끝이 아니라는 걸 알아

타다 만 밑창돌 들어올리면
주저흔처럼 남아 있는 몸부림의 흔적
냇내가 스며들어 거무스레해도
오늘, 당신이 부르면
대답할 말이 숨죽이고 있네

함구

화톳불을 사이에 놓고 몇몇이 둘러앉았다
일행에 끼워넣듯 불 위로 올려앉힌 가리비
입을 앙다물고
처음엔 우리의 말을 듣기만 하더니
아니다 싶었는지 입을 쭈뼛거리며 대꾸한다

쓸데없는 말들이 불꽃을 지피고
우리는 저 가리비들의 발설發舌에 입맛을 다셨다
그러나 아닌 것은 죽어도 아니라는 듯
어르고 달래도 잇바디를 물고 돌아누운 한 놈
개흙 같은 속내를 뱉지 못할 때는 무슨 심정일까
그 끝이 불 가운데일지라도 담고 가야 할 말이 있다면

좋지, 가장 나종 지니인 것*

나는 간지럼을 태우면 없는 말도 뱉어내다가
목젖 사이 피멍처럼 들어앉은 말이 아려서 우는데

〉
썩어내린 속엣말
끝내 뱉지 못하고 혹은 뱉지 아니하고
화장火裝하고 있는 가리비의 입만 바라보면서
나는 낯이 뜨거웠다

* 김현승의 「눈물」에서 빌려옴.

탈피

겨울 섬진강
선 채 잠들었던 버드나무가
고드름 같은 손으로 제 가지들 흔들어 본다

진화 혹은 퇴화의 흔적처럼
나뭇가지에 걸친 낡은 끄나풀 토막
한때 물뱀이었다는 이름을 지우지 못했는데

강 저편으로 건너간 것은 살았을까
요단강을 건넜다는 그이는 어떻게 되었을까
언 손등 꼬집으면 아픈 내 쪽에서
안개로 몸집 부풀리는 강 건너를 헤아릴 수가 없다

제 껍질 벗어놓고
새 몸을 얻은 뱀처럼
죽음이란
허물 벗고 새 몸을 입는 일이면 좋겠는데……

강 건너온 눈바람이 내 어깨에 손을 얹는다

이 겨울이 지나면 강물도 언 몸을 풀고 가겠지
구겨진 뱀 한 마리 힘겹게 몸을 뒤채는
차안此岸

눈 감고도 잠들지 못한 나를 보며
겨울강의 눈시울이 젖어든다

관계망상

1
늙은 개가 죽은 나무에 묶여 산다
개를 키우는 재미로 나무의 후생이 훌쩍 지나고 있다

현생과 후생이 묶이다 보면
서로 정이 드는지 형, 형 짖는 것도 같다

가끔 생선 대가리를 들고 가는 주인에게 아양을 떨다가도
금세 나무 옆에 무릎을 꿇는다
개가 나무를 지키고 있듯
나무도 제 그늘로 개를 끌어들인다

2
당신과 나의 희지도 검지도 못한 관계에 대해 생각했다
묶인 적도 풀린 적도 없지만
나는 늘 그림자 같은 것이 가슴에 끼어서
누구도 사랑하지 못해 컹컹거렸다

3
새엄마는 힘껏 우릴 사랑했지만
죽어서도 '새'자에 묶여
죽은 아버지의 옆자리는 차지하지 못했다

새엄마의 봉분 위에 앉아
봄꽃과 여름꽃이 서로 본처라고……

닭똥집에 대한 고찰

쫄깃하고 사각거리는 새벽 한 점 깨문다

껍질째 밀어넣은 눈물과 어둑한 시간을 빻아
으깨고 부서뜨릴 때 제 몫을 하는 집이다

몇 알갱이 따끔거리는 모래로 해감하듯
슬픔을 쪼개내는 근위
닭도 그것이 아파 횃대에 올라 악을 쓰고
제 울음으로 쓰라린 속 문질러대는지도 모른다

이해되지 않았고
울어지지도 않던 일들을 잘게 부수느라
나도 단단한 밤의 벽에 머리를 짓찧곤 했는데

내 울대뼈 아래 어디쯤이 자주 따끔거렸다
속을 후비던 까끄라기 같은 모래로
용서라는, 사랑이라는 똥을 누는 아침

내게 가르침들이 이런 것이라면

몰래 모래를 먹는다

울음의 겹들이 부드러워지고
나는 눈물 없이도 울 줄 알게 되었다
쉬이 삭이지 못한 날것의 단어들도 곱씹다보면
욱신거리는 생각들이 가만히 고개를 끄덕이곤 했다

절규

풀을 뽑다가 아차, 하는 순간
코스모스를 내리쳤다

꽃밭인데 어쩌면 풀밭인데
세운 호밋날에 핏빛 노을이 찍혀 번뜩였다

절규*처럼 입을 벌린 채 동강 난 코스모스

신이라 해도 실수가 있겠지
그 순간 그도 이렇게 질끈 눈감고 싶었겠지
내 동생이 휴지처럼 구겨지던 실수의
그날
신의 표정이 궁금했다

다시 여뀟대를 뽑아 던지지만
풀이란 꽃이란 누가 정했을까
저렇게 한마당의 식구인데

〉
영문 모르고 뽑혀 던져진 풀의 꽃들은
어둠 속에서 반딧불이처럼 웅성거리다
지금쯤 까무룩 잠들어가겠지
아우야
너 잠 들 어 가 겠 지

* 뭉크의 그림.

극한

참새 떼가 나뭇가지 사이에서 팔랑거리다
이내 낙엽인 듯 내려앉고
비탈진 허공을 활강으로 곤두박질치는 물까치 무리

생각이 길어서 밟혔거나
지친 어깨가 욱신거려 뒤처졌을
물까치 한 마리를 낚아채어
늙은 고양이가 끄덕끄덕 돌아가는 길
죽은 새의 깃털이 가랑잎처럼 나뒹굴었다
퍼드득퍼드득 악을 쓰며 떼 지어 쫓아가는
동료와 동무와 동생들
놓아달라 울부짖는 저들을 따돌리고
고양이는 저 핏빛 악다구니를 들을 귀가 없고

저것들 또한 죽음을 설명할 수 없어 그저 울겠지

문득 웅성거리는 TV에서

이틀 전 컨베이어 벨트에 물려갔던
아들이었고 아우였으며 이 어린 것들의 아비였을 그를
살려내라고

무엇이면 될까
그 무엇이라는 것이 있긴 할까
머리띠를 동여맨 사람들은 새 떼처럼 거리로 몰려나
오고

손저울

닳아진 손금에 보이지 않는 눈금이 그어졌다
주문대로 척척 고깃덩어리를 베어드는
저 정육점 여자의 요량
폼만 잡은 앉은뱅이저울이 민망히 손사래 친다

손아귀에 쏠리는 한 지점을 거뜬히 찾기까지는
제 손에 피를 묻히고
아슬아슬 떨리던 마음도 여러 번 베었으리
그러니까, 저 뭉툭한 손이 도통한 듯
손님의 속마음도 달아 보았을 것이다

종잡을 수 없는 신음의 무게
가슴에 추를 놓아도 나는 한편으로 기우는데
눈도 깜빡이지 않고 칼을 집어 드는
손대중, 그러나
남편의 꼬깃꼬깃 술타령이 저울 위에 올라앉으면
그녀도 부르르 떨고만 있다

습관적으로

파로호 꽃섬 무릎 아래
잠 없는 각시붕어와 누치와 잉어가
수초에 걸린 새벽달을 뜯어먹고 산다
소금쟁이처럼 물 위에 뜬 늙은 어부는
몸에 밴 무심한 기억들을 건져 올렸다
영문 모를 저것들 끝내 영문을 모른 채
이제는 문 닫힌 매운탕 집 벽, 눈 감은 낙서
시절 좋을 땐 동업자처럼 들고나던
각시붕어들을 앉혀놓고
언젠가 데리러 올 때까지
여기 숨어 있는 거야,라고 영감님은 타일렀을까
냉동실에는 튀어나올 듯 긴장한 몸뚱이들 쌓여가는데

지느러미 뜯긴 낮달처럼 풀려나기를 꿈꾸는지
무참히 부릅뜬 두 눈이
습관적으로 깜빡거릴 자세라니
어부는 그물에 끌리듯 다시 호수로 나가고

죽음이 자란다

옛날에 할머니는 아랫목에 누워 살았다
막내 삼춘 보고 싶다는 말끝마다
어서 죽고 싶다는 말이 참말 같았다
퀭한 눈에는 눈물도 없었지만
그 눈이 감기면 보이는 무엇이 있기나 한 것처럼
할머니는 매일 눈 감고 싶다 했는데……

며칠째 앉아만 있는 흰닭
곡기를 멀리한 것처럼 느리처분하다
희멀건 눈과 마주쳤다
죽고 싶을까
살고 싶을까
다가가도 귀찮은 듯 앉은자리에서 비비적댄다

내 집 내 손의 밥 먹고 살던 놈
그래, 남일까
짠해서 애먼 데를 바라보았으나

자주 감겨 있는 눈꺼풀 아래서
죽음이 자라고 있다는 걸 직감했다
그것은 자라서 무엇이 될까

나도
꽉 감은 눈 뜨기 싫은 적 있었지만
저 닭이 가끔 허옇게 눈 뜨듯
그렇게 다시 눈 뜨곤 했다

어떤 새의 경우

창문을 열자
웬 참새가 살려달라는 듯 들이닥쳤다
투명이 사라지자 착각이 날아든 것
아차, 싶었는지 허둥거리는 참새
들어온 문의 반대편에서 고꾸라질 때
사경死境도 슬그머니 끼어들어 새를 겨눈다

나는 새장에 갇힌 듯 늘 날아가는 상상을 하는데
어쩌나, 새는 제 발로 들어와 감옥이 되어버린 집
안쪽과 바깥쪽을 구분해 본 적 없는 시력으로
저 창공 향하여 머리를 짓찧다가
불안을 쪼아대며 미끄러지다가
우연이었을까
식탁 위로 내려앉는다
새 대가리 저 새 대가리
치우지 못한 밥알들이 그 새 깜짝 반갑다
〉

아버지를 입관하고 따라 죽을 것처럼 울다가도
시뻘건 육개장에 먹어야 산다는 말을
꾹꾹 말아 나도 퍼먹었는데
슬픔도 밥심으로 견뎠을까

새는 곡절 끝으로 날아가고

무슨 일이 있었냐는 듯
구름이 유리창에 이마를 대고 기웃거리고 있다

대처帶妻

우리 백호는 먹성 좋은 수캐
요즘 도둑장가를 들었나 보다
자고 나가는 흰개 꽁무니를 킁킁거린다
떠돌던 암컷이라
사랑에도 한 끼 밥에도 곯았으리
늘 밥이 남아 있던 백호 밥그릇이 반질거린다
흰개가 시댁인 양 드나들고
백호는 밥자리까지 내어주는데 나는
못 된 시에미처럼 신발짝 벗어 던지며 윽박질렀지
눈칫밥일수록 살로 가는 다른 맛이 있었을까
주둥이를 어긋매낀 지난밤이 따뜻했는지
백호의 등허리가 듬직해지고
지어미를 동여맨 저 눈빛을
나는 오래 바라보았다

해설

정화 혹은 자기구원을 꿈꾸는 연민의 시학

복효근(시인)

1.

이정숙 시인의 시는 어렵지 아니하면서도 순도 높은 진정성을 품고 있으며 개인의 경험이 보편성을 얻는 데 매우 성공적인 모습을 보이고 있다. 시가 어렵지 않다는 점은 시가 가져야 할 충분조건은 아니다. 난해한 시풍을 극복하는 게 우리 시단이 풀어야 할 문제이긴 하나 쉬운 시는 자칫 가벼움에 빠질 위험이 있다. 신변잡기에 가까운 넋두리거나 음풍영월에 머물 수 있는 것이다. 이정숙 시인은 어렵지 않는 언어구사로 이러한 문제를 넘어서고 있다. 그의 시는 일상적인 삶에 바탕을 두고 있지만 그가 빚어내는 메시지나 시적 감동은 대상의 정체성, 본질에 닿아있으며 무엇보다 시적인 지향성이 뚜렷하다는 특징을 지니고 있다.

죽은 이의 한 끼를 차리려고 추석장을 보러 나섰다
건어물집 서까래에 달려
눈이 움푹 꺼진 북어 몇 쾌가 내려다보는데
주인은 생물이라고 힘을 주지만
좌판 위의 생선들은 이미 눈이 돌아갔다

부릅뜨고 잠을 쫓는 채소 가게를 지나
노점의 한 노인이 늦은 점심상을 차려놓은 듯
신문지만 한 그늘을 깔고
노지상추 청양고추 야들야들한 부추
가지런히 진설해놓고 자울자울 한다
나는 저 약 될 것 같은 부추를 사고 싶다가
더 맛나 보이는 잠 한 소쿠리도 욕심 났지만
아니다 아니다
세상 뜬 영감님 만나 겸상이라도 한 듯
벌어진 입가가 달차근한

근심없는 저 표정을 흔들 수 없다

저 푸성귀 몇
돈 바꾸어 무엇을 하고 싶었을까

죽을 복이라도 잘 타서
아무 날 아무 시
경로당 마실 가듯 까무룩 잠들어 떠나고 싶다던
그녀의 곤한 잠 곁을
나는 까치발로 돌아 나왔다

― 「그 잠 곁을 돌아 나왔다」 전문

  시인은 회의한다. 고로 존재한다. 당연한 것들을 당연하지 않은 것으로 바라본다. 상식과 제도와 관습 안에서 굳어버린 사고로는 새로운 의미와 아름다움과 가치를 발견하지 못한다. 예술의 생명은 새로움에 있다. 그 새로움은 기존의 질서와 규범과 기준을 전복하는 데에서 찾아진다. 추석명절을 "죽은 이의 한 끼를 차"려 주는 날로 바라보는 것도 이에 해당한다. 이렇게 말함으로써 조상에게 감사하는 날이라고 말하는 것과 전혀 다른 방향에서 추석의 의미에 접근할 수 있다. 이미 죽은 자는 그렇다 하더라도 산 자들의 삶은 신산하기만 하다. 시인은, "좌판 위의 생선들은 이미 눈이 돌아갔"는데 '생물'이라고 힘주어 말하는 건어물 가게 주인, "부릅뜨고 잠을 쫓는 채소 가게" 주인, "신문지만 한 그늘을 깔고/노지상추 청양고추 야들야들한 부추/가지런히 진설해놓고 자울자울"하는 노점상 노인을 통해 "죽은 이의 한 끼"와 대조되는 살아있는 자들의 일상을 그려 보여 준다. 명절이라는 말이 주는 들뜸과 설렘, 풍요로움과 같은 상투적 이미지 뒤에 감추어진 갑남을녀의 신산한 삶의 풍경을 보여준다.

그런데 여기서 주목할 부분이 있다. 시인은 기존의 관습과 상식과 규범을 벗어나는 시선으로 대상을 바라보되 자신만의 주관적 사유만을 고집하지 않는다는 점이다. 관습과 상식에 의존하거나 온전히 자신의 주관적 사유에 의지하는 대신 시인은 시적 대상에게도, 자신에게서도 적정한 거리를 두는 것이다. 독자에게 혹은 내면의 자신에게 질문을 하는 방식인데, 이로써 독자의 참여를 유도하고 사유의 공간을 열어두는 방식이다. 독자와의 소통을 도모하고 감염력을 높이는 방식으로 이해된다.

그 가운데 노점의 한 노인은 "자울자울" 졸고 있다. 시인은 그이에게 부추를 사고 싶지만, "세상 뜬 영감님 만나 겸상이라도 한 듯/벌어진 입가가 달차근한/근심 없는 저 표정을 흔들 수 없"다. 그이를 흔들어 깨워서 부추를 살 수도 있었지만 "그녀의 곤한 잠 곁을/나는 까치발로 돌아 나왔다". 노쇠한 노인이, 그것도 북망을 멀지 않은 곳에 둔 노인이 물건을 팔러 나와 노점에 앉아 있을 때 흔들어 깨워서라도 물건을 사드리는 것이 상식에 가깝다. 그러나 시인은 대신 질문을 하나 품는다. "저 푸성귀 몇/돈 바꾸어 무엇을 하고 싶었을까" 그에 대한 답은 여기에 나와 있지 않다. 애잔하고 신산한 노인의 삶을 통해 죽는 날까지는 어떻게든 삶을 꾸려 나아가야 할 우리 인간의 운명, 생의 맨 마지막 단계에서도 능력껏 벌어먹어야 하는 자본주의적 생태계의 냉혹함 혹은 최저생계 상황의 근처에서 살아가야 하는 삶의 애환…… 독자가 떠올릴 수 있는 답은 여러 가지일 것이나 요약하면 '동정심'이거나 '당연함' 두 가지가 아닐까? 그런데 시인은 다른 태도를 취한다. 당연하다고 여기지도 않고 또 동정심이 발동하여 물건을 사지도 않는다. 그러면서 "저 푸성귀 몇/돈 바꾸어 무엇을 하고 싶었을까"라는 질문을 던지고 그이의 잠을 방해하지 않기 위하여 "그 잠 곁을 돌아 나왔다." 이러한 시인의 시적 화자로서 위치설정은 시인의 시를 이해하는 데 주요한 관전 포인트이기도 하다.

"낙원수산 옆 희망인력 사무실 평상/일 마친 이주 노동자들이/믹스커피 마시며 핸드폰을 들여다보고 있다/벗겨지다 남은 것처럼/등에 묻은 생선 비늘들/노을빛에 잠시 번득인다"(「비늘」)에서도 이와 같은 시인의 태도를 읽을 수 있다. 이주 노동자들에 대해 과도하게 감상적인 시선으로 바라보지도 않고 그렇다고 자본주의적 생태계에서 벌어지는 당연한 풍경으로 보는 것도 아니다. 대신 시인은 "저 몸값은 누구의 것이어야 할까"라는 질문을 던지는 방식으로 시적, 미학적 거리를 유지하며 독자에게 그 답을 얻도록 하는 방식을 취하고 있다.

이와 같이 적정한 거리를 두고 독자에게 그 답을 찾도록 유도하거나 더 깊은 사유로 이끄는 방식은 곳곳에서 보인다. 꽃뱀이 로드킬로 죽어 바닥에 바싹 눌어붙은 것을 두고 시인은 "늘 달아나던 처지를 벗어나/노을 향하여 꽃잎이 자우는 것처럼/한 송이 주검을 제 죽음에게 바치"(「압화」)는 것으로 상상을 펼친다. 이는 뱀의 죽음에 대한 지극히 주관적인 상상이라 하겠다. 그러나 이 작품의 말미엔 "아무 일도 없었다는 듯/그 위로 지나가는 자동차/고추잠자리가 쭈뼛거리며 내려와/그 꽃을 들여다본다"라고 그러내고 있다. 객관적 풍경이라 할 수 있다. 이 사이에 시인은 독자를 끌어들인다. "얇아질 대로 얇아져서 서로 알아볼 수 없는 날이 오면/그때는 구겨졌던 몸 보란 듯 길 위에 풀어놓고/햇빛 바로 보며/눈부셔보고 싶었을까" 이러한 질문으로 독자의 참여를 유도하면서 스스로에게는 답을 유보하는 대신 단정적이지 않고 열린 사유의 공간을 확보하는 것이다. 시를 읽다 보면 많은 시편에서 하나 혹은 그 이상의 질문이 등장하게 되는데 이와 같은 맥락에서 관습적 사고에서 벗어나면서 주관에도 갇히지 않으려는 노력으로 볼 수 있을 것이다. 명시적인 질문이 나타나지 않는 시편에서도 강력하게 독자의 공감을 예인하는 비유나 경험진술이 이를 대신하고 있음을 보게 된다.

2.

이역 땅 스리랑카 친구들
이름은 구름 너머 두고 왔지만

아침 산책길에 만난 소녀가
'하이'
해맑게 먼저 말을 걸었을 때
영어가 쉽사리 혀에서 풀리지 않아
주저주저 나는 조화처럼 씨익 웃었다

강아지가 나를 향해 갸우뚱 한다
쪼그리고 앉아 그때서야 중얼거리듯 '왓츄어네임'
강아지는 눈 깜빡이며 꼬리를 흔들었다

풀섶에 별처럼 내려앉은 꽃에게도
'왓츄어네임'
그림에서나 본 천상의 열매에게도
새를 붙잡아 앉힌 줄 알았던 꽃나무에게도
이름을 묻자
그것들의 발가락이 꼼지락거리는 걸 보았다

나룩꽃이 배시시 웃자 덧니로 깨문 향기가 퍼졌다
건들거리며 다가온 바람도 내게
날아오른 참새가 흰구름을 만나도
'왓츄어네임'

오래 등 뒤에 세워둔 당신 이름에게 손 내밀었다
죽은 동생의 이름도 고개를 묻고 불러보았다

사랑이라 쓴 가명과 용서라는 본명이 통성명 한다

돌아오는 길에 내게 물었다

'왓츄어네임'

나를 에워싼 나의 이름들이 끄덕끄덕 따라오고 있었다

― 「왓츄어네임」 전문

  누군가의, 무엇인가의 이름을 옳게 불러준다는 것은 어떤 의미가 있을까? 김춘수에 의하면 "내가 그의 이름을 불러주었을 때 그는 나에게로 와서 꽃이" 된다. 의미가 된다. 무수히 많은 사람과 사물을 만나지만 우리는 그것들의 이름을 다 불러주지는 않는다. 그럴 수도 없다. 마음이 그곳을 향해야만 한다. 우리는 처음부터 이름을 알지는 못한다. 그래서 이름을 묻는다. "왓츄어네임". 관계의 시작이다. 시인은 숙명적으로 이름을 궁금해하고 이름을 불러주는 사람이다. 때론 고통스러울지라도 숙명적으로 시인에게 주어진 지상의 소명인지도 모른다. 어떤 현상, 어떤 사물, 어떤 사건에 대해 관찰하고 궁구하고 파헤치고 거기에 이름을 붙여주는 사람이다. 자주 대하는 사람과 사물에 국한되지 않고 전 우주적인 호기심을 가지고 그것들의 이름을 묻고 이름을 불러주고 소통하고자 하는 사람이다. 그 사람과 사물과 사건과 현상에 감추어져 있는 '꽃'(본질)을 불러내는 사람이다. "오래 등 뒤에 세워둔 당신의 이름에게 손 내밀"고 "죽은 동생의 이름도 고개를 묻고 불러보"며 화해 불가능한 것과도 소통하고 용서를 구하며 화해를 도모하는 사람이다.

이윽고 시인은 자신의 이름을 묻기에 이른다. 자신에게 묻는다. "왓츄어네임". 그러면 "나를 에워싼 나의 이름들이 끄덕끄덕 따라"온다. 나의 이름은 참 많아서 엄마, 아내, 선생님, 며느리, 악마, 천사, 전사, 사기꾼……나를 에워싼 이름이 어디 한둘인가? 대부분 감추어진 이름들이고 내가 신중하게 묻지 않으면 나도 모르고 속는 이름들이다. 그러니까 이름을 묻는다는 것은 정체성을 묻는 일이고 본질을 묻는 일이고 근원을 캐묻는 일인 것이다. 결코 즐겁지만은 않은 그 일을 감행하는 것이 숙명이니 시인은 이 시집에서 수많은 이름을 물을 것이다. 그리고 시를 읽는 이에게도 같은 질문을 하게 만든다.

시인의 시는 많은 부분 이름을 찾는, 즉 정체성을 찾는 일에 해당한다. 어떤 사건, 어떤 구체적 경험이 가지는 보편적 의미, 정체성, 본질을 탐색하는 일이 바로 그 이름을 찾아주는 일과 다르지 않다. 그러니 시인의 시는 많은 부분 "왓츄어네임" 하고 그 이름을 묻는 작업인 것이다. 「화병」이 그러하고 「적화」가 그러하고 「정숙이 & 정수기」가

그러하며 수많은 시인의 작품이 그러하다.

    내 이름은 정숙이
    맹물 같은 하루를 겨우 빠져 나온다
    거른다는 말에는 걸리는 게 많아
    오늘도 몇 마디가 걸려 온몸에 성이 났다
    나는 자주 가슴이 뻐근해 우는 시늉을 했는데

    나를 통과한 말랑한 말들은 아무 의심도 없을까
    마음을 걸러낼수록 불투명해지는 나는
    형체가 없는 날이 많았으므로

    보이는 대로 믿어도 될까
    뒤틀린 채 남아있는 것이 본심일 수도 있고
    어디에도 걸리지 않는 것이 사심일 수도 있다

    시어머니는 나를 통해서 세상을 맛보았는데
    팔 할의 거짓말과 한 꼬집의 참말로 구미를 맞췄다
    달보드레한 색색의 음료를 뽑아내면서
    그때, 나는 통쾌했을까
    새빨갛게 웃는 얼굴이 예쁘다 했는데

필터처럼 수시로 마음을 갈아끼우는 일이

그녀를 더 흐려놓았다는 걸 그때 나는 몰랐어

한 입에 넣고 우물거렸던

사랑도 했고 미워도 했던 마음이 헝클어져

고장 난 정수기처럼

가끔 주체할 수 없는 쓴물이 쏟아지곤 했다

―「정숙이 & 정수기」 전문

자신의 이름에서 비롯된 사유를 펼쳤다. 시인의 이름 '정숙'이는 발음으로 하면 물을 정화시키는 정수기와 같다. 시인은 스스로를 정수기와 동일시하여 자신의 심리적 내면 풍경을 그려낸다. 시인의 내면은 분열되어 있다. 걸러져서 바깥으로 출력되는 언어며 표정이 걸러지고 안에 남은 그것과 모순관계에 있는 것이다. 정체성이란 겉과 속이 동일해야 하는데 표리가 부동하다. 예의나 관습 상식의 굴레에 갇혀 인간은 겉과 안이 모순되는 관계에 놓일 때가 많다. 시인, '정숙이'는 "나를 통과한 말랑한 말들"을 의심한다. "팔 할의 거짓말" "달보드레한 색색의 음료" "새빨갛게 웃는 얼굴"이 정수기를 통과한 출력물이라면 "마음을 걸러낼수록 불투명해지는 나는" 그의 내면에 남은 부수물이거나 아니면 숨겨진 원본일 수도 있다. 시인은 회의한다. "보이는 대로 믿어도 될까" 그리고 "뒤틀린 채 남아있는 것이 본심일 수도 있고/어디에도 걸리지 않는 것이 사심일 수도 있다"는 자각에 이른다. 내 삶의 기준과 정체성과는 무관한 타인의 그것에 맞춰 필터링하는 일은 나를 속이는 일이기도 했지만 출력물은 시어머니(타인)까지 속이는 일이 되고 만다.

표리가 동일한 자아 정체성, 완전한 이해로 소통되는 관계를 꿈꾸는 자아에게 이러한 자각은 "쓴물"을 쏟아놓는 고장난 정수기처럼 혼란을 가져온다. 그러나 누구나 다 이것을 자각하지는 않는다. 그렇게 사는 것이 당연하다고 생각하며 살아간다. 그러나 시인은 천형처럼 자신의 정체성에 대해 의심한다. 그리하여 가면 속의 자아를 들춰내고 괴로워하며 진저리를 치곤 한다. 시인에게 주어진 저주이자 축복이다. 시는, 그래서 거울이기도 하다. 내면을 비추는 거울. 끊임없이 거울에 자신과 이웃과 사물과 사회와 자연과 우주를 비춰본다. 그리고 비춰진 것들의 이름에 맞는 정체성을, 있어야 할 온당한 위치와 안위를 묻는다. 본질을 묻는다.

3.

발목 잘린 아이들을 품었다
묽은 젖 먹고 산 것들은 잇몸부터 물렀고
아직 미열이 남은 이마 짚어보는 입맞춤이 썼다

왜 버려진 한 쪽 날개를 들고 와 내 가슴팍에 밀어 넣었나
흐느낌 같은 향기는 발등까지 닿지도 못하지만
나에게 머물러 사나흘 장례를 치르는 중이라면
온몸의 핏발을 세워 화사하게 꾸며주고 싶다

한 번도 산 자 위해 산 적이 없으므로
꽃상여처럼
세상 밖으로 길을 내며 속으로 흔들렸을 뿐

뭉그러진 발이 화끈거려 이미 깊어진 속병
진물 흐르는 안쪽이 아려서 죽은 꽃말을 삼켰는데
서쪽 창문의 눈시울이 붉어진다

가위가 제 심장에 닿았을 때 놀라던 눈빛

물을 머금고도 말라가던
　파리한 입술

　그렇게 고개 떨군 아이를 붙안고 어쩔 줄 모르는 피에타
像

　누구의 무엇을 기념하려는 건지
　모가지가 잘린 꽃송이들
　나는 그들의 주검을 끌어안고 기꺼이 무덤이 된다
　아직 닫지 못한 귀 어루만지면서
　　　　　　　　　　　　　　　　　－「화병」전문

　시인은 화병이 된다. 역시 시적 대상과 화자를 동일시하는 방법으로 서정적 자아와 시적 대상 간의 거리를 최소화하거나 아예 거리를 없애 버렸다. '화병'을 '꽃병'이라 하지 않고 굳이 '화병'이라 한 것은 중의성을 의도한 것(火病)으로 보인다.
　우선 화병은 꺾인 화초를 꽂아 장식하는 병이다. "묽은 젖 먹고 산 것들" 그래서 "잇몸부터" 무른 "발목 잡힌 아이들"을 품는 존재다. 그 꽃은 사람 기념하느라 목숨까지 버렸다. 꽃의 입장에서 본다면 희생이 아닐 수 없다. 화병은

마치 어머니가 그러하듯이 그 아이들의 "아직 미열이 남은 이마 짚어"본다. 그 "입맞춤이 썼다"고 말한다. 그리고 "왜 버려진 한 쪽 날개를 들고 와 내 가슴팍에 밀어 넣었"냐고 묻는다. 이것은 질문이 아니다. 일종의 절규와 같고 오열과 같다. 화병은 "뭉그러진 발이 화끈거려 이미 깊어진 속병"으로 "진물 흐르는 안쪽이 아려서 죽은 꽃말을 삼"킨다. 이 대목에서 화병(花甁)과 화병(火病)이 겹친다. 시의 제목이 중의적 의미를 갖게 하기 위해 한자를 병기하지 않은 것으로 보인다. 이 화병(火病)은 두 가지에 근원을 두고 있다. 하나는 꽃의 희생에 대한 연민에 뿌리를 두고 있고, 산 자를 위해 산 적이 없이 '무덤'이 되어야 하는 화병(花甁)의 운명 때문이기도 하다. 그러나 시인은 시적 화자인 화병의 운명을 탓하거나 회피하지 않는다. "꽃상여처럼/세상 밖으로 길을 내며 속으로 흔들렸을 뿐" "나에게 머물러 사나흘 장례를 치르는 중이라면/온몸의 핏발을 세워 화사하게 꾸며주고 싶다"고 화병으로서의 운명을 기꺼이 수용한다.

꽃은 화병에 꽂혀 "머물며 사나흘 장례를 치르는 중이"다. '나'는 그 꽃의 사나흘 무덤인 셈이다. 화병은 다시 "고개 떨군 아이 붙안고 어쩔 줄 모르는 피에타상(像)"에 비유되면서 종교적 아우라로 확장됨을 본다. 여기서 꺾여진 꽃이 식물이든 동물이든 사람이든 생명 가진 모든 것의 죽음을 상징한다고 할 수 있다. 화병은 아니 시인은 꽃의 영혼을 생각한다. "가위가 제 심장에 닿았을 때 놀라던 눈빛/물을 머금고도 말라가던/파리한 입술"을 생각한다. 그리고 "아직 닫지 못한 귀 어루만지면서" 꽃을 끌어안고 무덤이 되기로 한다. 생명을 향한 시인의 빛 가닥처럼 섬세하고 정밀한 시적 감수성이 빛을 발하는 순간이다. 이러한 촉수를 가진 시적 화자(화병)는 "꽃상여처럼/세상 밖으로 길을 내며 속으로 흔들렸을 뿐"이라고 고백한다. 이렇듯 시인은 "모든 죽어가는 것을 사랑해야지" 했던 윤동주처럼 죽은 자를, 죽어가는 자를 위해 노래하는 사람이다. 연민의 화신이다.

복숭아나무에서 몇 개의 과실을 충실하게 키우기 위하여 꽃을 솎아주는 것을 적화라고 한다. 「적화」라는 제목의 시에서도 열매가 되지 못하고 솎여 떨어지는 복숭아꽃을 두고 애련과 연민의 마음을 노래하고 있다. 여기서는 꽃과 자신을 동일시하는 대신 꽃에게 자신의 투사하여 솎여 떨어지는 꽃의 심정을 헤아리는 방식이다. 복숭아나무가 꽃을 빼앗기듯 시적 화자 자신에게 찾아온 꽃을 지운 경험이 비유적으로 암시된다. "꽃을 지우고 빈 몸으로 돌아오던 길에/흘린 피처럼 쏟아지던 노을/나의 봄엔 느닷없이 겨울이 들이닥쳤다"(「적화」)는 시적 진술에서 보듯 실경험이든 아니면 꽃을 빼앗긴 나무의 아픔을 극대화하기 위한 장치이든 시의 진정성을 확보하는 데 모자람이 없다.

꺾여 화병에 꽂힌 꽃이나 열매를 위해 솎아 떨어져야 하는 꽃이나 나 아닌 다른 것을 위한 생명의 희생을 비유하거나 상징하고 있다. 시인은 이렇듯 죽어가는 것, 소리 없이, 흔적 없이 사라져 가는 생명에 연민의 시안을 맞추고 있다. "꽃을 따서 꽃을 먹이는 쓰라린 농사법/부스스한 복숭아나무가/무릎 아래 쓰린 상처들을 밟고 어쩔 줄 모를 때/바람이 엎드려 진물을 핥아주고 있다"에서 보듯이 시인의 시는 '바람'이 되어 떨어진 꽃과 나무를 위무하고 있다. 시인의 눈이 향하고 있는 방향과 시가 지향하는 바가 무엇인지를 알 수 있다.

    방금 낳은 알을 줍는다
    손 안에 엉거주춤 무게가 실리고
    따뜻해서 나는 죄짓는 기분이었다
    꽁지 빠진 푸석한 닭은 멀리 가지 않고 울었다
    제 낳은 알이 어디 가서 무엇이 되기를 바랄까
    그 뜨거운 울음이 나를 따라오는 것만 같아

    주웠다고 내 것일까

저렇게 눈을 똥그랗게 치뜨고 허둥거리며 우는데
화닥거리는 밑이 채 가라앉기도 전일 텐데
주웠다는 말이 무거워
나는 그것을 놓을 뻔했다

오래전
할머니가 애기 하나를 데려왔다
그 핏덩이 낚아채며
산발한 채 울고 있는 여자를
몰강스럽게 쫓아버렸다고 했다
묽은 젖이 돌기도 전인데
폭발하고 막 가라앉은 화산처럼
꺼진 아랫배에서 물컹한 슬픔이 흘러내리고 있었을 텐데

뜨거운 기억을 품은 것들은 또
일그러진 새벽달로 희부윰하게 지워지겠지만
언젠가 따뜻한 체온으로 살아있었음을 증명할 수 있을까

한번도 본 적 없는 그 여자
오늘 닭장에서 만난 그녀

—「따뜻한 알」전문

이 작품에는 경험에 바탕을 둔 압축된 서사가 담겨 있다. 닭장에서 막 낳은 계란을 주워든다. 그리고 그걸 놓칠 뻔했다는 구체적 경험이 압축된 이야기로 펼쳐진다. 그리고 그 옛날 할머니가 애기 하나를 데려왔던 짤막한 서사가 비유관계로 놓여있다. 그 사이에 시인의 사유가 빚어져 나온다. 사소한 일상의 경험이 보편성을 지니고 독자에게 호소력을 발휘할 수 있는 것은 그것을 서사로 엮어낼 수 있는 힘과 그것의 적정한 비유를 찾는 능력에 있다.

막 암탉을 빠져나온 계란 한 알을 줍는다. "저렇게 눈을 똥그랗게 치뜨고 허둥거리며 우는데/화닥거리는 밑이 채 가라앉기도 전일 텐데" 하고 생각하자니 주웠다는 말이 너무 무겁게 느껴진다. 이 장면을 할머니가 아이 하나를 뺏어 온 일화와 비유관계로 겹쳐놓는다. 암탉이 막 낳은 달걀을 주워든 사소한 경험이 핍진한 설득력을 얻게 되는 부분이다. 닭은 "저렇게 눈을 똥그랗게 치뜨고 허둥거리며" 운다. 여기에 "묽은 젖이 돌기도 전" "폭발하고 막 가라앉은 화산처럼/꺼진 아랫배에서 물컹한 슬픔이 흘러내리고" "산발한 채 울고 있는" 여자를 병치시킨다. 물론 이 둘은 비유관계다. 개인의 경험이 보편성으로 확장되는 부분이다. 진정성이 공감을 불러일으키는 부분이며 이 시의 메시지가 여기에서 빚어진다.

　이정숙 시인은 구체적 경험에 뿌리를 두고 그것을 형상화하여 한 편의 시로 보여준다. 시인의 시가 순도 높은 진정성을 가지는 이유는 사유나 관념만이 아닌 자신의 구체적 경험이 시 속에 스며들어 있다는 점 때문이다. 한 편의 시는 읽은 이의 마음에 건너와 보편성을 띄어야 한다. 이정숙 시인은 특수한 개인의 경험을 독자들이 공감할 수 있는 보편성으로 이어놓는 내공이 탁월하다. 시인은 뛰어난 직관으로 사물과 사건에서 시적 모티프를 발견하고 그것을 압축된 작은 서사로 구축한다. 그것은 시 속에서 하나의 메타포로 작동되는데 그 짧은 서사가 시인의 핍진한 경험과 은유관계로 놓이는 것이다. 그리하여 어렵지 않게 독자에게 공감을 불러일으켜 보편성을 획득하게 된다.

　　나의 양양에서
　　당신의 간성은 멀다
　　우리 사이엔 바람에 뒤틀린 듯한 산맥이 가로놓여
　　봄이면 한바탕 밭은 숨이 틀어오른다
　　바짝 마른 가슴팍에 기어이 불이 붙고

　　당신에 대한 굶주린 생각이 불타오르면

혀끝에 달구어진 이름 부르며
이 화염의 골짜기에서 돌아설 수도 없어
나는 죽어야 끝이 날, 간성에 다다라야 한다

오래 서성거린 바람이 갈기를 세워
내 움츠린 어깨에 채찍처럼 감겨오면
활활 꽃신 신고 나는 목숨 사르며 산을 탄다
솟아오른 능선 아래서 주저앉을 뻔도 했지만
이미 엎질러진 불의 함성 앞세워

양양에서 간성까지
빠른걸음으로 하룻밤 하룻길
잡히면 죽는 날카로운 불꽃 등에 지고
나는 헐떡거리며 산등성을 넘어간다

내 안의 불로 내 살 지지면서
너에게 닿는 간성에서 나는 재가 되겠지만
잿속에 타고 남은 이름 끌어안고
아직 불기로 뜨거운 나의 이마를 식히리라

그런데, 그놈의 간성은 어디에 있을까

당신과 나의 경계에서 모래바람이 불어왔다
―「양간지풍」 전문

　봄이면 건조한 남서풍이 태백산 줄기를 넘으면서 산불이 자주 일고 양양에서 간성까지 불길이 번지곤 한다. 그래서 양간지풍이라는 이름이 붙었다. 시인은 험준한 산줄기를 타고 걷잡을 수 없이 타올라 번지는 불길을 사랑이라 부르고 싶어 한다. 후회하고 돌아서는 것은 사랑이 아니다. "당신에 대한 굶주린 생각이 불타오르면/혀끝에 달구어진 이름 부르"는 절박하고 갈증에 허덕이는 사랑, "이 화염의 골짜기에서 돌아설 수도 없어" "죽어야 끝이 날" 무모한 사랑이다. "활활 꽃신 신고 나는 목숨 사르며 산을" 타는 무서우리만치 섬뜩한 극한의 사랑이다. 배수진의 사랑이다. 간성을 향해 달려가면서도 간성의 위치도 모르는, 당신을 향해 사랑을 불태우면서도 사랑 그 자체에 몰입하여 정작 당신의 위치도 모르고 달려가는 맹목의 사랑이다.
　손익을 따지는 사랑은 사랑이 아니라고 말하고 싶은지도 모른다. 자본주의 사랑은 공예품처럼 거래되고 소비되는 것이다. 천박한 자본주의 사회에서는 소비할 수 있는 능력이 있어야 사랑할 수 있고 사랑받을 수 있다. 교환가

치로 사랑의 순도와 가치는 매겨진다. 양간지풍과 함께 거센 불길로 타오르는 사랑은 이러한 세태를 거부한다. 죽음을 불사하는 로미오와 줄리엣의 사랑 춘향과 몽룡의 사랑 같은 것이다.

시인이 이렇듯 불꽃 같은, 훨훨 산능선을 타고 넘는 불길의 사랑을 노래하는 것은 시인의 시에 감추어져 있는 낭만성에 기인한다. 낭만성은 현실을 뛰어넘고 현실을 부정하며 마땅히 있어야 할 당위의 세계, 이 질곡을 벗어난 이상의 세계를 동경하는 현실인식에서 출발한다. 낭만성은 어쩌면 시인이 그리는 이데아의 다른 말이라고 해도 좋다. 그러나 시인의 이데아에 대한 지향성은 이데아를 그려서 보여주는 방법으로 제시되진 않는다. 대신 사막을 그리고 지옥을 그려 보여줌으로써 오아시스를, 천국을 꿈꾸게 하는 방식으로 우회하거나 간접적으로 드러낸다.

시인이 '절규'하고 '함구'하고 방금 주운 달걀을 "놓칠 뻔"한 것은, "그 잠 곁을 돌아 나온" 것은, 꽃을 끌어안고 "무덤이 된" 것은, "풀이란 꽃이란 누가 정했을까"라고 울음에 가까운 질문을 하는 것은, 그 반대쪽에 유토피아가 있기 때문이다. 시인은 천국을 그려 보이는 대신 안타까운 이쪽의 풍경을 그려 보이는 것이다. 시인의 이데아를 꿈꾸는, 유토피아를 지향하는 그 낭만성은, 거꾸로 시에서는 안타까

움과 절망과 회의와 슬픔으로 그려진다. 이 현실에 대해 딴지를 거는 방식이다.

"풀을 뽑다가 아차, 하는 순간/코스모스를 내리쳤다" "절규처럼 입을 벌린 채 동강 난 코스모스"(「절규」)에서 동생의 죽음을 떠올린다. "그 핏덩이 낚아채며/산발한 채 울고 있는 여자를"(「따뜻한 알」) 보여준다. "죽을 복과 살 복이 서로 짠"(「그 잠결을 돌아 나왔다」)한 풍경을 보여준다. "사랑도 했고 미워도 했던 마음이 헝클어져/고장 난 정수기처럼"(「정숙이 & 정수기」) 신산한 그림을 보여준다. 대부분 디스토피아의 풍경이거나 사막과 지옥의 풍경이다.

그러나 시인의 시가 절망과 슬픔과 디스토피아를 노래한다고 말하는 것은 적절하지 않다. 앞에서 살펴본 대로 저 너머 유토피아가 있기 때문에 그 반대쪽 풍경을 보여준 것이다. 결론부터 말하면 시인의 시는 저 너머의 풍경으로 가기 위한 좁은 통로다. 우리는 여기서 시 전체를 관통하는 주요한 키워드를 추출하게 된다. 바로 연민이다. 이 통로에 놓여있는 연민이라는 시인의 감정을 통해 시인과 독자는 연결된다. 연민을 통해 공감을 일으키고 독자는 저 너머를 꿈꾸게 된다. 물론 시인이 이 단어를 사용하지는 않는다. 시인이 말해주지 않고 시인이 지향하는 그 지점을 독자가 상상하고 꿈꾸고 그려내게 한다. 이는 시인의 시적 전략

이며 시인의 시를 도드라지게 만드는 요소이기도 하다.

    가망 없는 꿈 한 가지를 분질러 묻었다
    꽃눈 대신 까막눈만 끔뻑이던 수국
    숨죽인 채 죽음을 통과하는
    흙방에서의 몇 잠이 쓰라리다

    신생은 밑바닥과 접붙인 아랫도리의 힘일까
    움츠리고 앉아 진땀 흘려 잔뿌리 내리는 수국처럼
    베트남댁 부부가 이 마을에 들어앉았다
    흙의 더께를 두른 맨발에 심줄이 굵어지고
    식구가 늘어 웃음도 헤퍼진 투언 씨
    어느덧 해끗해끗한 삼월의 이마에 핏기가 돌아
    그를 빼닮은 딸도 다리가 짱짱해졌다
    더듬거리는 전라도 사투리가 안쓰러웠지만
    한사코 뿌리내리려는 몸부림 같아서
    나를 아짐으로 부르라 곁을 주었다

    마을의 어엿한 농사꾼이 된
    뚜언네 이앙기가 들판을 물들여간다
    아내가 고구마순을 끊어 묻은

밭두둑도 꿈틀거리며 기어간다

청보라빛 수국밭도 마음이 다급해지겠지

죽기와 살기

그 틈바구니에서 뿌리내리는 내일

땅맛 들어 어깨가 봉긋해지는 뿌리 밑을

마음을 끌어다가 가만히 덮어주던 봄날이었다

—「삽목」 전문

이 시는 이주민 투언 씨 베트남댁 부부와 삽목한 수국이 나란히 병치되어 서로가 은유적 관계에 놓이며 전개된다. "움츠리고 앉아 진땀 흘려 잔뿌리 내리는 수국처럼/베트남댁 부부가 이 마을에 들어앉았다." 수국도 가지가 꺾여 흙에 처음 꽂혔을 때 자칫 죽어버리기 쉽다. "꽃눈 대신 까막눈만 끔뻑이던 수국"은 "숨죽인 채 죽음을 통과하는/흙방에서의 몇 잠이 쓰라리"고 이주민 노동자일 베트남댁 부부도 "죽기와 살기"로 틈바구니에 뿌리를 내리고 있다. 삽목한 수국이 땅에 뿌리를 내리는 것처럼 투언 씨 내외도 이 국땅에서 생존을 위한 몸부림으로 뿌리를 내리고 있는 것이다. 언어와 문화와 삶의 모든 조건이 다른 이국에서 새로 시작하는 삶은 말 그대로 죽기 아니면 살기일지도 모른다. 이 가상하고 치열한 생존의 틈새에 화자가 개입한다. "더듬거리는 전라도 사투리가 안쓰러웠지만/한사코 뿌리내리려는 몸부림 같아서/나를 아짐으로 부르라 곁을 주었다." "땅맛 들어 어깨가 봉긋해지는 뿌리 밑을/마음을 끌어다가 가만히 덮어주던 봄날"이다. 생명에 대한, 인간에 대한 따뜻한 연민이 작동하는 부분이다. 더불어 함께 살아가는, 따뜻한 인간미로 공존하고 상생하는 인간 세상에 대한 시인의 지향성이 잘 드러나는 작품이다.

4.

시인이 시를 쓰며 응시하는 현실 저쪽에는 시적 지향이 분명 존재한다. "오래 등 뒤에 세워둔 당신의 이름 불러내 손 내밀"고 "죽은 동생의 이름도 고개를 묻고 불러"본다. 그리고 "사랑이라고 쓴 가명 혹은 용서라는 본명이 통성명" 한다. "돌아오는 길에 내게 물었다/왓츄어네임" 그러자 "나를 에워싼 나의 이름들이 끄덕끄덕 따라오고 있었다." (「왓츄어네임」) 내가 나와 화해한다. 시인은 용서를 구하고 용서하고 화해하고자 한다. 시는 여기에 이르기 위한 좁고 험한 통로다. 그 통로는 타인과 나에 대한 연민과 다르지 않다. 시인은 때로 화병이 되어 꽃들의 "주검을 끌어안고 기꺼이 무덤이 되"기도 한다."(「화병」) 살아있는 자와 죽어가는 것들과 죽은 자에게 보내는 용서와 화해의 몸짓에 다르지 않다. 한 알의 달걀을 들고서 "뜨거운 기억을 품은 것들은 또/일그러진 새벽달처럼 희부윰하게 지워지겠지만/언젠가 따뜻한 체온으로 살아있었음을 증명할 수 있을까"(「따뜻한 알」)라고 묻는다. "따뜻한 체온으로 살아있었음을 증명할 수 있기"를 기도한다.

뇌성마비 은자 언니의 죽음을 찔레꽃잎 차에 은유하면서 "죽음 넘어가서야 비로소/잘 마른 꽃송이 피워 냈을까/구겨지던 말도 몸을 빠져나와 훨훨/다시 생기가 도는 듯 화색이 찾아오고/제 속 우려내어 한없이 맑아질 때/한 토막의 생애가 처음인 듯 환하다/찻잔에 담겨 떠오르는 한 잎의 달"(「꽃잎차」)이라고 노래한 것도 한 생에 대한 지극한 연민이 담긴 기도라고 하겠다. 다시 떠오른 달은 부활의 의미가 담겼다. 사막과 같고 지옥과 같은 이생과의 화해가 죽음 저편에서 비로소 달과 같이 차올라 환하기를 바라는 부활의 기도인 것이다. 이 기도를 정화의식이라 불러도 좋겠다. 시인은 닭처럼 "몰래 모래를 먹는다." "이해되지 않았고/울어지지도 않던 일들을 잘게 부수느라" "단단한 밤의 벽에 머리를 짓찧"으면 "울대뼈 아래 어디쯤이 자주 따끔거렸"고 "속을 후비던 까끄라기 같은 모래로/용서라는, 사랑이라는 똥을" 눈다 했다. '사랑'과 '용서'에 이르기 위한 길이 고행에 가까운 정화의식이었음을 말하는 것이리라. 그리하여 "쉬이 삭이지 못한 날것의 단어들도 곱씹다 보면/욱신거리는 생각들이 가만히 고개를 끄덕이곤 했다"(「닭똥집에 대한 고찰」)고 하는 걸 보면 시인이 꿈꾸는 것은 자기정화이며 자기구원, 결국 생에 대한 긍정이 아닐까 한다. 시인의 이러한 지향 의식은 채송화 줄기를 분질러 땅에 꽂으면서 하는 독백에서도 잘 드러난다. "부러진 왼쪽 발목은/이 적막 속에서 얼마나 견뎌야/뼈와 뼈들이 들어맞아 제 집을 지을까/진(津)물 위에 진(珍)물이 스며/내 흉터는 분홍에게 닿게 될까"(「분가」). 흉터가 채송화의 분홍에 닿은 그 지점이 시인이 꿈꾸는 시적 지향이 아닐까? 그 지향이, 정화의식이 아플 만큼 아름답다.

애지시선

- 031 하루만 더 — 고증식 시집
- 032 몸꽃 — 이종암 시집
- 033 허공에 지은 집 — 권정우 시집
- 034 수작 — 김나영 시집
- 035 나는 열 개의 눈동자를 가졌다 — 손병걸 시집
- 036 별을 의심하다 — 오인태 시집
- 037 생강 발가락 — 권덕하 시집
- 038 피의 고현학 — 이민호 시집
- 039 사람의 무늬 — 박일만 시집
- 040 기울어짐에 대하여 — 문숙 시집
- 041 노끈 — 이성목 시집
- 042 지독한 초록 — 권지미 시집
- 043 비데의 꿈은 분수다 — 정덕재 시집
- 044 글러브 중독자 — 마경덕 시집
- 045 허공의 깊이 — 한양명 시집
- 046 둥근 진동 — 조성국 시집
- 047 푸른 징조 — 김길녀 시집
- 048 지는 싸움 — 박일환 시집
- 049 아무나 회사원, 그밖에 여러분 — 유현아 시집
- 050 바닷가 부족들 — 김만수 시집
- 051 곡두 — 박승자 시집
- 052 나선형의 저녁 — 정용화 시집
- 053 보이저 씨 — 김현욱 시집
- 054 비탈 — 이경호 시집
- 055 하모니카 부는 오빠 — 문정 시집
- 056 우는 화살 — 고영서 시집
- 057 검은 옥수수밭의 동화 — 송유미 시집
- 058 매운방 — 신준수 시집
- 059 승부사 — 박순호 시집
- 060 동그라미, 기어이 동그랗다 — 이민숙 시집
- 061 아버지의 마술 — 이권 시집
- 062 이름의 풍장 — 김윤환 시집
- 063 국수 삶는 저녁 — 박시우 시집
- 064 미스김 라일락 — 나혜경 시집
- 065 멍게 먹는 법 — 이동순 시집
- 066 우는 시간 — 피재현 시집
- 067 종점식당 — 김명기 시집
- 068 달동네 아코디언 — 이명우 시집
- 069 자작나무 숲에 눈이 내린다 — 변경섭 시집
- 070 눈부신 고독 — 이윤경 시집
- 071 꽃마차는 울며 간다 — 권선희 시집
- 072 섬, 육지의 — 이강산 시집
- 073 다시, 평사리 — 최영욱 시집
- 074 국수를 닮은 이야기 — 박구경 시집
- 075 상록마녀 — 신단향 시집
- 076 총잡이 — 이동호 시집
- 077 어떤 입술 — 라윤영 시집
- 078 나는 당신이 말할 수 없는 것을 말하고 — 함순례 시집
- 079 수혈놀이 — 황희순 시집
- 080 차차차 꽃잎들 — 김말화 시집